Estudios de la OCDE sobre Gobernanza Pública

AF867428

Estudio sobre la contratación electrónica en el Consejo de la Magistratura de la ciudad autónoma de Buenos Aires

APOYANDO LA FUNCIÓN JUDICIAL Y LA PRESTACIÓN DE SERVICIOS

OCDE

MEJORES POLÍTICAS PARA UNA VIDA MEJOR

El presente trabajo fue aprobado y desclasificado por el Comité de Gobernanza Pública el 11/05/2026.

Tanto este documento, así como cualquier dato y cualquier mapa que se incluya en él, se entenderán sin perjuicio respecto al estatus o la soberanía de cualquier territorio, a la delimitación de fronteras y límites internacionales, ni al nombre de cualquier territorio, ciudad o área.

Por favor, cite esta publicación de la siguiente manera:
OECD (2026), *Estudio sobre la contratación electrónica en el Consejo de la Magistratura de la ciudad autónoma de Buenos Aires: Apoyando la función judicial y la prestación de servicios*, Estudios de la OCDE sobre Gobernanza Pública, OECD Publishing, Paris, https://doi.org/10.1787/4ec577f7-es.

ISBN 978-92-64-79520-4 (impresa)
ISBN 978-92-64-62247-0 (PDF)
ISBN 978-92-64-95836-4 (HTML)

Estudios de la OCDE sobre Gobernanza Pública
ISSN 2414-3308 (impresa)
ISSN 2414-3316 (en línea)

Imágenes: Portada © sharptoyou/Shutterstock.com.

Las erratas de las publicaciones se encuentran en línea en: https://www.oecd.org/en/publications/support/corrigenda.html.

© OCDE 2026

Atribución/Reconocimiento 4.0 Internacional (CC BY 4.0)

Este trabajo está disponible bajo la licencia Creative Commons Attribution/Reconocimiento 4.0 International. Al utilizar este trabajo, acepta estar sujeto a los términos de esta licencia (https://creativecommons.org/licenses/by/4.0/).

Atribución – debe citar el trabajo.

Traducciones – debe citar la obra original, identificar cambios al original y agregar el siguiente texto: *En caso de discrepancia entre la obra original y la traducción, solo se considerará válido el texto de la obra original.*

Adaptaciones – debe citar el trabajo original y agregar el siguiente texto: *Esta es una adaptación de un trabajo original de la OCDE. Las opiniones expresadas y los argumentos utilizados en esta adaptación no deben considerarse representativos de los puntos de vista oficiales de la OCDE o de sus Países miembros.*

Material de terceros – la licencia no se aplica al material de terceros en la obra. Si utiliza dicho material, usted es responsable de obtener el permiso del tercero y de cualquier reclamación por infracción.

No debe utilizar el logotipo, la identidad visual o la imagen de portada de la OCDE sin permiso expreso ni sugerir que la OCDE respalda su uso del trabajo.

Cualquier disputa que surja bajo esta licencia se resolverá mediante arbitraje de conformidad con el Reglamento de Arbitraje de la Corte Permanente de Arbitraje (PCA) de 2012. El lugar del arbitraje será París (Francia). El número de árbitros será de uno.

Prólogo

En diciembre de 2024, el Consejo de la Magistratura (CM) de la Ciudad Autónoma de Buenos Aires solicitó a la Organización para la Cooperación y el Desarrollo Económicos (OCDE) analizar el uso y el funcionamiento de su plataforma de contratación electrónica, conocida como JUC (*Justicia Compra*) y compararla con buenas prácticas de los países de la OCDE. El CM de Buenos Aires es pionero entre los poderes judiciales locales de Argentina en lo que respecta a utilizar plataformas electrónicas para la contratación de bienes y servicios y comprende el poder estratégico de la contratación pública.

Este informe ofrece un panorama de las principales características y logros de JUC, como la adopción relativamente rápida de la contratación electrónica. Analiza sus retos, como la necesidad de ampliar la contratación electrónica a las fases previas y posteriores a la licitación en el ciclo de contratación pública y de impulsar la profesionalización del personal dedicado a la contratación electrónica. Además, el informe ofrece recomendaciones para abordar los principales retos y un plan de acción para facilitar su implementación y seguimiento. La implementación de estas recomendaciones posicionaría al CM aún más adelante en términos de contratación electrónica en relación con otros poderes judiciales locales de Argentina y en camino de convertirse en una referencia en América Latina.

El informe proporciona una descripción general del sistema de contratación pública del CM, seguido de los esfuerzos más recientes de transformación digital y cómo se aplican a la contratación pública, incluida la experimentación con tecnologías digitales como la inteligencia artificial (IA). Analiza la gobernanza de JUC y las funciones de diferentes partes interesadas, incluidos actores internos y externos. También discute la importancia de desarrollar capacidades y competencias para la contratación electrónica. El informe examina las funcionalidades de JUC y su posible integración con otros sistemas del CM para maximizar su impacto. Por último, sugiere la necesidad de desarrollar un marco de gestión de riesgos para la contratación pública del CM, en particular los riesgos que pueden afectar a JUC, y posibles indicadores para evaluar su desempeño.

El informe se basa principalmente en información recopilada a través de un cuestionario de investigación de la OCDE y una misión de investigación realizada en abril de 2025. Durante la misión, la OCDE consultó a un amplio conjunto de partes interesadas, incluidas diferentes unidades del CM y varios departamentos del gobierno de la ciudad, así como empresas, proveedores, académicos y organizaciones de la sociedad civil. El informe reúne las visiones y las oportunidades identificadas por diferentes partes interesadas para mejorar a JUC y avanzar en la transformación digital de la contratación pública del CM.

Las conclusiones de este informe se basan en trabajos anteriores de la División de Infraestructura y Contratación Pública de la OCDE, en particular en lo que respecta a la aplicación de la Recomendación de la OCDE sobre Contratación Pública 2015 y la transformación digital de la contratación pública en países miembros y socios de la OCDE. Este informe se suma a una creciente cartera de proyectos de la OCDE sobre contratación pública en América Latina, que incluye a países de la OCDE, Chile, Colombia, Costa Rica y México; países candidatos a la adhesión, como Brasil y Perú; Paraguay y Ecuador; y organizaciones aliadas como el Banco Interamericano de Desarrollo, el Banco de Desarrollo del Caribe y el Banco Centroamericano de Integración Económica.

Agradecimientos

Este informe fue elaborado por la Dirección de Gobernanza Pública (GOV) de la OCDE, bajo el liderazgo de Elsa Pilichowski, Directora, y la dirección y supervisión de Paulo Magina, Jefe de la División de Infraestructura y Contratación Pública (IPP) de GOV. Fue coordinado por Jacobo Pastor García Villarreal, Especialista Sénior de la IPP. Gabriel Bezchinsky, consultor para la OCDE, redactó los capítulos 1, 2, 4 y 5, con la colaboración de Jacobo Pastor García Villarreal. Este último también redactó el capítulo 3. Se recibieron valiosos comentarios de Janos Bertok, Director Adjunto de GOV, así como de Kenza Khachani, Sanda Jugo y Simon Cox, analistas de la IPP. También se recibieron sugerencias relevantes de Chloé Lelievre y Mariane Piccinin Barbieri, analistas de la División de Alianzas Globales y Justicia de GOV. Dovile Bogusyte prestó asistencia editorial. Michaela Faux y Deirdre Kiernan prestaron asistencia administrativa.

La OCDE expresa su gratitud al Consejo de la Magistratura de la Ciudad Autónoma de Buenos Aires, en particular a su Presidente, Karina Lequizamón, al Plenario y a la Secretaria de Administración General y Presupuesto (SAGyP), Genoveva Ferrero, por su apoyo para llevar a cabo este proyecto.

Andrés Honer, Director de Asuntos Internacionales de la SAGyP, fue el principal punto de contacto del proyecto. Su equipo, Daiana Hissa y Belén Maldonado, prestó un apoyo significativo a la organización de reuniones y debates de investigación, así como a la recopilación de la información necesaria para redactar este informe.

La OCDE también desea agradecer a otras unidades y departamentos del CM y del Poder Ejecutivo del gobierno de la ciudad que participaron en los debates y contribuyeron a este informe, así como a cámaras empresariales, proveedores, académicos y organizaciones de la sociedad civil. Su apoyo fue fundamental para la recopilación de la información necesaria para los análisis presentados en este informe.

Este informe forma parte de una serie de estudios sobre la gobernanza en países de la OCDE y del G20. El proyecto incluyó una misión de investigación durante abril de 2025, la participación de la OCDE en un Congreso Internacional sobre Contratación Pública, organizado por el CM y celebrado en Buenos Aires, los días 3 y 4 de noviembre de 2025, y un seminario web para presentar este informe, debatir sus conclusiones y compartir buenas prácticas y recomendaciones con la comunidad de contratación pública de América Latina, celebrado el 21 de mayo de 2026.

Table of contents

GRÁFICAS

CUADROS

RECUADROS

Abreviaturas y acrónimos

IA	Inteligencia artificial
AGIP	Agencia Gubernamental de Ingresos Públicos
ANSES	Agencia Nacional de la Seguridad Social
ARCA	Agencia de Recaudación y Control Aduanero
ARS	Pesos argentinos
ASF	Auditoría Superior de la Federación (México)
BAC	Buenos Aires Compra
CABA	Ciudad Autónoma de Buenos Aires
CGR	Contraloría General de la República (Costa Rica)
CM	Consejo de la Magistratura
CPB	Órgano centralizado de contrataciones
OSC	Organizaciones de la sociedad civil
DGAJ	Dirección General de Asuntos Jurídicos
DGC	Dirección General de Compras
DGCC	Dirección General de Compras y Contrataciones
DGCGyAI	Dirección General de Control de Gestión y Auditoría Interna
DGIT	Dirección General de Informática y Tecnología
DGUIAF	Dirección General Unidad Informática de Administración Financiera
EJE	Expediente Judicial Electrónico
UE	Unión Europea
EUDEBA	Editorial Universitaria de Buenos Aires
GCABA	Poder Ejecutivo del Gobierno de la Ciudad Autónoma de Buenos Aires
GPP	Contratación pública verde
BID	Banco Interamericano de Desarrollo
TI	Tecnologías de la información
TIC	Tecnologías de la información y las comunicaciones
JB	Poder Judicial
JUC	Justicia Compra
KONEPS	Sistema electrónico de contratación en línea (Corea del Sur)
KPI	Indicadores clave de desempeño
LLM	Modelo extenso de lenguaje
LP	Licitación pública
MIA	Motor de inteligencia artificial
OCDE	Organización para la Cooperación y el Desarrollo Económicos
EDCA	Estándar de Datos para las Contrataciones Abiertas
OGESE	Oficina de Gestión Sectorial
OGP	Alianza para el Gobierno Abierto
PJN	Poder Judicial Nacional (Argentina)
RFI	Solicitud de Información
RIUPP	Registro Informatizado Único y Permanente de Proveedores
SAGyP	Secretaría de Administración General y Presupuesto
SFP	Secretaría de la Función Pública (México)
SISTAE	Sistema de Gestión de Trámites Administrativos Electrónicos

PyME	Pequeñas y medianas empresas
TJDFT	Tribunal de Justicia del Distrito Federal y los Territorios (Brasil)
UBA	Universidad de Buenos Aires
UOA	Unidades operativas de adquisiciones
USD	Dólares de los Estados Unidos de América

Resumen ejecutivo

Principales hallazgos

Argentina es una república federal compuesta por 23 provincias y la Ciudad Autónoma de Buenos Aires (CABA), y es miembro del G20, que reúne a las economías más grandes del mundo. Cada provincia tiene su propia constitución, que define sus poderes e instituciones. El Poder Judicial de la CABA está compuesto por el Tribunal Superior de Justicia, el Consejo de la Magistratura (CM), los demás tribunales establecidos por ley y el Ministerio Público. Las competencias del CM incluyen la elaboración del presupuesto y la administración de los recursos asignados al Poder Judicial, la selección y propuesta ante la Legislatura de candidatos a jueces y la recepción de denuncias. Las funciones relacionadas con las contrataciones se asignan jerárquicamente, con el Plenario en el papel estratégico, la Comisión de Administración, Gestión y Modernización Judicial en el papel de control y la Secretaría de Administración General y Presupuesto (SAGyP) en el papel de ejecución.

La Dirección General de Compras y Contrataciones (DGCC) de la SAGyP recibe y centraliza los requerimientos de todos los juzgados, salas y fiscalías y lleva a cabo sus contrataciones a través del sistema JUC (Justicia Compra). El CM puso en marcha la adopción de JUC en 2021, tras la aprobación del acuerdo de cooperación técnica para la cesión gratuita de la licencia de uso del sistema de contratación electrónica del Poder Ejecutivo BAC (Buenos Aires Compra). Aprovechar esta experiencia permitió una adopción relativamente rápida de la contratación electrónica en el CM.

Varias iniciativas del CM crearon un entorno favorable para la transformación digital, entre ellas la implementación del Sistema de Gestión de Trámites Administrativos Electrónicos (SISTAE) en 2018 y *Pilagá*, un sistema de administración financiera, presupuestaria y contable, en 2021. Este entorno apoyó la digitalización de la gestión del CM, tanto en su interacción con los ciudadanos como en sus procesos internos, incluida la contratación pública. Sin embargo, este entorno favorable surgió de una serie de iniciativas adoptadas a lo largo del tiempo, más que como parte de una estrategia única e integrada de transformación digital. Más recientemente, el CM también ha experimentado con la aplicación de herramientas basadas en tecnologías digitales, como la inteligencia artificial (IA).

La gobernanza de JUC se basa en una distribución de poderes principalmente dentro de la SAGyP, pero también incluye otras áreas del CM, por ejemplo, las encargadas de gobierno abierto, políticas digitales y control y auditoría interna. La colaboración con partes interesadas externas (por ejemplo, empresas, sociedad civil, etc.) con el fin de mejorar continuamente a JUC ha sido limitada e informal.

El CM proporciona capacitación para el personal de contratación pública, a través del Centro de Formación Judicial y de acuerdos con universidades. El personal dedicado a contrataciones también participa en un congreso anual sobre contratación pública organizado por el CM. Más allá de estas iniciativas, el CM no cuenta actualmente con una política integral de profesionalización para su personal de contratación pública.

El sistema JUC cubre la fase licitatoria, pero no así las etapas pre- y post-licitatoria. La integración de JUC con otros sistemas del CM, en particular el SISTAE y *Pilagá,* no solo mejoraría la planificación de las compras, sino que también permitiría la recopilación de la información necesaria para evaluar cómo la contratación electrónica contribuye al logro de los objetivos centrales del CM.

La sustentabilidad, entendida como la consideración de criterios ambientales, éticos, sociales y económicos, es uno de los principios rectores de las actividades de contratación pública del CM. JUC podría apoyar la contratación pública sustentable comunicándola claramente como una prioridad a la comunidad de proveedores y facilitando el análisis sobre qué criterios aplicar (ambientales, sociales y/o económicos) según el potencial para lograr un impacto en cada proceso de contratación, al tiempo que se evita sobrecargar los procesos de contratación o crear confusión entre los funcionarios.

El sistema JUC ha dado pasos importantes para mejorar la transparencia. No obstante, la información sobre contrataciones que se publica actualmente es limitada, y las funciones de consulta en JUC son restringidas. Si bien la publicación de datos sobre contrataciones mejora la transparencia, su valor para las partes interesadas depende de la facilidad de acceso. JUC puede facilitar el acceso a la información sobre contrataciones adoptando estándares de datos abiertos.

Más allá de las evaluaciones realizadas por la función de auditoría interna para supervisar las recomendaciones de sus informes de auditoría, no se lleva a cabo una evaluación sistémica de los riesgos en contrataciones. Esto deja a JUC vulnerable a riesgos como los ciberataques o las fallas operativas.

Recomendaciones clave

El CM es pionero entre los poderes judiciales locales de Argentina en la implementación de la contratación electrónica. Las siguientes recomendaciones (y el plan de acción que figura en el anexo) tienen por objeto mejorar la gobernanza de JUC para convertirlo en una herramienta más eficaz en la transformación digital de la contratación pública.

- La evidencia sugiere que una estrategia de transformación digital puede apoyar la coherencia en todo el gobierno, evitando la fragmentación. El CM podría promover dicha coherencia desarrollando una estrategia de transformación digital con una visión clara, alineada con su misión, para garantizar la prestación eficiente y eficaz del servicio de administración de justicia. Las funciones administrativas del CM no son “auxiliares”, sino fundamentales para su misión. En este contexto, la contratación pública ocupa un lugar destacado y, por lo tanto, debería formar parte de la estrategia.
- En el marco de este plan estratégico, el CM podría seguir explorando el potencial de las tecnologías emergentes, como la IA, asociándose con instituciones expertas y llevando a cabo proyectos piloto según proceda.
- La SAGyP podría establecer mecanismos para involucrar a un amplio conjunto de partes interesadas (por ejemplo, asociaciones empresariales y organizaciones de la sociedad civil) en la mejora continua de JUC. Estos pueden incluir observatorios, grupos de trabajo, encuestas y paneles de usuarios, y grupos focales.
- La SAGyP podría poner en marcha iniciativas para profesionalizar al personal que participa en la contratación electrónica y desarrollar competencias digitales, comenzando por elaborar una matriz de competencias y diseñar un plan de capacitación.
- Las plataformas de contratación electrónica en los países OCDE apuntan a cubrir no solo la etapa licitatoria, sino también la pre- y la post-licitatoria. Siguiendo esta ambición, la SAGyP podría aspirar a ampliar gradualmente las funcionalidades transaccionales de JUC a las etapas pre- y post-licitatoria, incluyendo tareas como la publicación de planes anuales de contratación, la verificación de disponibilidad presupuestaria y la realización de modificaciones contractuales.
- La evidencia de la OCDE sugiere que la integración de los sistemas de contratación electrónica con otras plataformas de gobierno digital implica beneficios para autoridades contratantes y

proveedores. El CM podría completar el proceso de integración de JUC con SISTAE y *Pilagá*. Esta integración permitiría tener una visión completa del ciclo de contratación y facilitaría la comunicación con los proveedores.

- El CM podría aprovechar a JUC para aplicar el principio de sustentabilidad, por ejemplo, para comunicarlo como una prioridad a la comunidad de proveedores y permitir su adaptación, así como para facilitar el análisis sobre qué criterios aplicar en cada contratación, de acuerdo con su potencial impacto en el logro de objetivos estratégicos.
- La SAGyP podría impulsar el potencial de JUC para contribuir a la transparencia de las operaciones de contratación mediante la instalación de la funcionalidad para consultar toda la base de datos de los procesos de contratación según diversos criterios, la adopción de estándares de datos abiertos y la implementación de una estrategia de transparencia focalizada.
- Los sistemas de contratación electrónica están sujetos a diferentes riesgos como ciberataques y fallas operativas. La SAGyP podría encabezar la iniciativa para desarrollar una estrategia de gestión de riesgos de contratación pública, incluidos los riesgos directamente relacionados con el funcionamiento de JUC.

1 Panorama del sistema de contratación pública del Consejo de la Magistratura

Este capítulo ofrece una visión general de la función de contratación pública en el Consejo de la Magistratura de la Ciudad Autónoma de Buenos Aires. Revisa las distintas normas y reglamentos que regulan las actividades de contratación, así como la estructura institucional para la planificación estratégica, ejecución y control del sistema de contratación. También analiza los mandatos institucionales relativos a las funciones presupuestarias, administrativas y de contratación, en particular el mandato de la Secretaría de Administración General y Presupuesto (SAGyP) del Poder Judicial del gobierno de la ciudad. Además, el capítulo evalúa la relevancia de la contratación pública en el Consejo de la Magistratura mediante el análisis de los volúmenes de contratación y su comparación con los de otros poderes judiciales a nivel local y nacional.

La contratación pública se reconoce cada vez más como una herramienta estratégica para conseguir objetivos prioritarios de política pública y una piedra angular de la prestación de servicios públicos, no solo para los gobiernos nacionales, sino también para los subnacionales. Dado que los gobiernos subnacionales prestan importantes servicios públicos a los ciudadanos, es fundamental que la gobernanza de sus sistemas de contratación pública sea robusta y adecuada a sus fines. En los países de la OCDE, por ejemplo, el 62,5 % del gasto en contratación pública se realizó a nivel subnacional en 2023, frente al 61.3% en 2021. (OECD, 2025[1]) El mismo hallazgo se aplica al contexto latinoamericano, donde los gobiernos subnacionales representaron el 66,2 % del gasto en contratación pública en 2021 (el 41.7% a nivel local y el 24.8 % a nivel estatal/provincial). Brasil y Guatemala tienen el mayor gasto en contratación pública local como porcentaje del total en comparación con nueve países de la región (49.7% y 40.5%, respectivamente) (véase la Gráfica 1.1). (OECD, 2024[2])

Gráfica 1.1. Gasto gubernamental general en contratación pública por nivel de gobierno, 2021

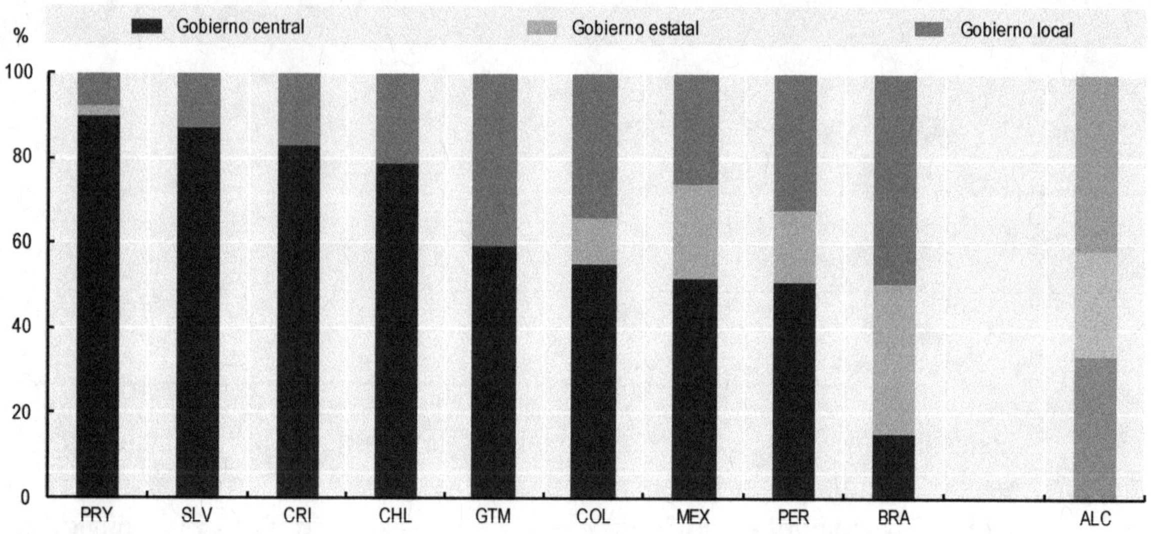

Fuente: (OECD, 2024[3])

1.1. Marco regulatorio

Un marco regulatorio claro y predecible que evite la duplicación de requisitos o el conflicto con otras leyes contribuye a la buena gobernanza de la contratación pública. La actualización o revisión del marco de contratación pública tiene ventajas e inconvenientes. Por un lado, permite que las políticas, las instituciones y las prácticas se adapten a la naturaleza dinámica de las actividades de contratación, por ejemplo, al reconocer los avances tecnológicos. Por otro lado, los cambios frecuentes pueden crear dificultades y mermar el atractivo de los procedimientos de contratación, dando lugar a un conjunto fragmentado de normas y reglamentos.

Cabe destacar que la mayoría de los países de la OCDE han reformado sus marcos normativos de contratación pública entre 2019 y 2024 y, en algunos casos, se han producido varias revisiones de las reformas.

Según las conclusiones de la Encuesta de la OCDE sobre Contratación Pública 2024, mientras que el 90% de los participantes (36 de los 40 países encuestados) adaptaron sus marcos jurídicos a las condiciones cambiantes al menos una vez en los últimos cinco años, aproximadamente un tercio de ellos los revisaron más de ocho veces, con reformas cada 7,5 meses en promedio (véase la Gráfica 1 2). (OECD, 2025[4])

Gráfica 1 2. Frecuencia de revisión del marco regulatorio primario para la contratación pública en los últimos cinco años, 2024

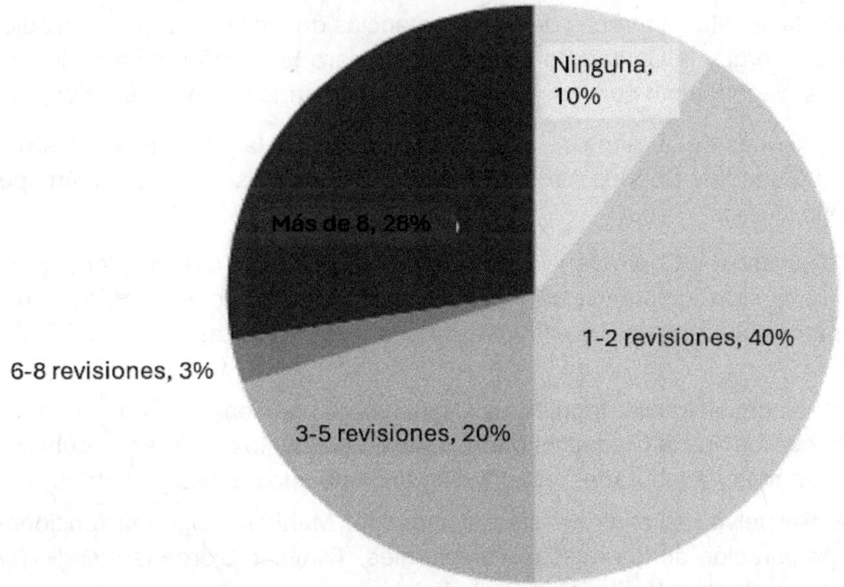

Nota: Se muestran los datos de 40 encuestados.
Fuente: (OECD, 2025[5])

Argentina es una república federal compuesta por 23 provincias y la Ciudad Autónoma de Buenos Aires (CABA). Cada provincia tiene su propia constitución, que define sus poderes e instituciones. La CABA, capital del país desde 1880, estaba originalmente administrada por un funcionario designado por el Presidente. Tras la reforma constitucional de 1994, la CABA obtuvo un gobierno autónomo. Sin embargo, la Ley Nacional 24588 (1995) limitó esta autonomía, permitiendo al gobierno nacional mantener el control sobre áreas clave como la seguridad, la justicia y el transporte. Aunque esta ley ha sido impugnada y algunas funciones se han transferido a la CABA a lo largo de los años, los sucesos en el sector judicial han sido más limitados. Esto refleja la complejidad de transferir funciones judiciales de una manera que preserve la separación de poderes y salvaguarde la independencia judicial, así como que asegure una gobernanza adecuada, rendición de cuentas y mecanismos de coordinación.

En consonancia con la Constitución Nacional, la Constitución de la CABA, aprobada en 1996 por la Convención Constituyente, define una forma de gobierno republicana y representativa para la ciudad. El Título Quinto de la Constitución de la CABA establece las funciones y competencias del Poder Judicial de la Ciudad. El Artículo 107 establece que "El Poder Judicial de la Ciudad lo integra el Tribunal Superior de Justicia, el Consejo de la Magistratura, los demás tribunales que la ley establezca y el Ministerio Público". (City of Buenos Aires, 1996[6])

Los artículos 115 a 117 establecen la estructura, composición, funciones y facultades del Consejo de la Magistratura (CM). Entre sus competencias se incluyen "proyectar el presupuesto y administrar los recursos que la ley le asigne al Poder Judicial", seleccionar y proponer a la Legislatura candidatos a jueces y a Ministerio Público, recibir denuncias, decidir iniciar procedimientos de destitución de integrantes y magistrados del Poder Judicial y del Ministerio Público, y formular la acusación correspondiente ante el Jurado de Enjuiciamiento.

1.2. Diseño institucional

Aunque la Ley 7 de 1998 (Ley Orgánica del Poder Judicial de la Ciudad Autónoma de Buenos Aires) define la estructura y el funcionamiento de los tribunales de primera instancia y las salas de apelación de los distintos fueros, la puesta en marcha de estas instancias quedó suspendida con sujeción a un acuerdo entre el Gobierno Federal y la Ciudad de Buenos Aires para la transferencia de los fueros ordinarios al Poder Judicial de la ciudad, junto con los recursos presupuestarios y administrativos correspondientes.

A mediados de 2025, más de 30 años después de la reforma de la Constitución Nacional que estableció la autonomía de la Ciudad de Buenos Aires, solo las siguientes jurisdicciones están operativas dentro del Poder Judicial de la ciudad:

- Penal, Penal Juvenil, Contravencional y de Faltas: Aplica el Código Penal (para los delitos cuya jurisdicción ha sido transferida a la CABA), el Código de Contravenciones e Infracciones y las normas procesales penales, contravencionales y de faltas, así como las leyes aplicables de la Ciudad.
- Contencioso administrativo, tributario y litigios sobre relaciones de consumo: Interviene en todos los asuntos en los que la Ciudad es parte, tanto en el ámbito del derecho público como del privado; y también en materia tributaria (recaudación de impuestos, tasas y contribuciones).
- Electoral: Resuelve las controversias electorales. Mantiene algunas funciones administrativas, como la preparación de los registros electorales. También ejerce la jurisdicción electoral que le asigna la ley en todo el territorio de la ciudad.

La Ley 31 de 1998 (Ley Orgánica del Consejo de la Magistratura) establece la composición, la organización interna y las funciones del Consejo de la Magistratura. El Artículo 18 define los órganos que componen el CM: (City of Buenos Aires, 1998[7])

- El Plenario: Está compuesto por nueve miembros, tal y como se ilustra en la Gráfica 1.3, cuyos mandatos tienen una duración de cuatro años y pueden ser reelectos, pero no de forma consecutiva.
- El Comité Ejecutivo, compuesto por el presidente y los vicepresidentes primero y segundo.
- Las comisiones: 1) Administración, Gestión y Modernización Judicial; 2) Selección de Integrantes de la Magistratura y del Ministerio Público; 3) Disciplina y Acusación; 4) Fortalecimiento Institucional y Planificación Estratégica; 5) Transferencia del Poder Judicial de la Nación y del Ministerio Público de la Nación a la Ciudad Autónoma de Buenos Aires.
- La Secretaría de Administración General y Presupuesto del Poder Judicial (SAGyP).

Gráfica 1.3. Composición del Plenario del Consejo de la Magistratura

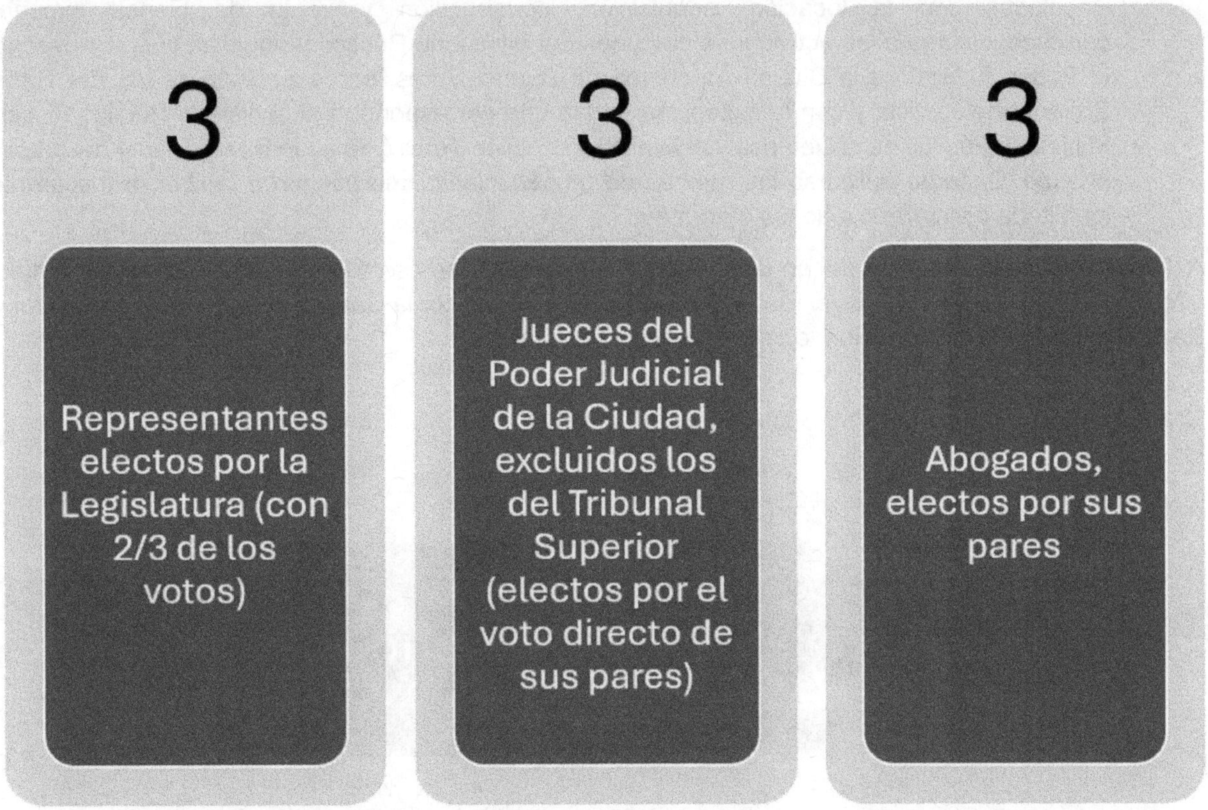

Fuente: (Consejo de la Magistratura de la Ciudad Autónoma de Buenos Aires, n.d.[8])

En cuanto a las funciones relacionadas con la contratación pública, la ley asigna competencias a diferentes órganos del CM. Las funciones del Plenario, detalladas en el Artículo 20, incluyen: "14. Aprobar el Plan de Compras y Plan de Acción para la Jurisdicción; encomendando a la SAGyP del Poder Judicial la realización de los procedimientos establecidos en las leyes correspondientes"

La Comisión de Administración, Gestión y Modernización Judicial tiene entre sus facultades, enumeradas en el Artículo 37, "4. Controlar, a través de los informes, la ejecución de los procedimientos de licitación, concurso y demás procedimientos de selección del co-contratante, a cargo de la SAGyP del Poder Judicial de la Ciudad Autónoma de Buenos Aires, de conformidad con lo dispuesto por el Plenario en el Plan de Compras y Plan de Acción para la Jurisdicción, disponiendo la adjudicación correspondiente en los casos que corresponda".

Por último, el Artículo 27 establece, entre las funciones de la SAGyP, las siguientes: (City of Buenos Aires, 1998[7])

- Ejecuta, bajo el control de la Comisión de Administración, Gestión y Modernización Judicial, el presupuesto anual del Poder Judicial de la Ciudad Autónoma de Buenos Aires, con excepción de los presupuestos correspondientes al Tribunal Superior de Justicia y los presupuestos del Ministerio Público Fiscal, el Ministerio Público de la Defensa y el Ministerio Público Tutelar en lo que hace a la administración propia de cada una de sus ramas en tanto no excedan las 500.000 unidades de compra. Tiene competencia en la ejecución del presupuesto asignado a las actividades comunes a las ramas del Ministerio Público, de acuerdo con el programa presupuestario correspondiente;

- Realizar las contrataciones de bienes y servicios, con excepción a las atribuidas al Presidente del Consejo y/o al Plenario del Consejo por la presente Ley; realiza también, las contrataciones vinculadas con la locación, adquisición, construcción y venta de bienes inmuebles correspondientes a las actividades comunes del Ministerio Público y aquellas que correspondan al Poder Judicial de la Ciudad Autónoma de Buenos Aires, con excepción de las del Tribunal Superior de Justicia y con la excepción de las que correspondan al Ministerio Público Fiscal, al Ministerio Público de la Defensa y al Ministerio Público Tutelar de acuerdo al inciso 4 del presente artículo. Deberán aplicarse las normas de procedimiento que aseguren la libre, transparente e igualitaria concurrencia de los oferentes;

Así, las funciones relacionadas con las compras y contrataciones se asignan jerárquicamente entre los diferentes órganos del CM, con el Plenario en el papel estratégico, la Comisión en el papel de control y la SAGyP en el papel de ejecución, como se ilustra en la Gráfica 1.4.

Gráfica 1.4. Funciones institucionales relacionadas con la contratación pública en el Consejo de la Magistratura

Fuente: (Boletín Oficial de la Ciudad Autónoma de Buenos Aires, 1998[9])

Las compras y contrataciones para el sector público de la CABA están reguladas por la Ley 2095 de 2006, que incluye en su ámbito de aplicación no solo al Poder Ejecutivo, sino también al Poder Legislativo, al Poder Judicial y a todas las empresas, sociedades y demás entidades en las que la CABA tiene una participación mayoritaria en el capital o en la toma de decisiones. (City of Buenos Aires, 2006[10])

A este respecto, el CM reguló la ley para el ámbito del Poder Judicial mediante la Resolución CM 276 de 2020. Esta resolución establece, en su Artículo 2, que el ámbito de aplicación es todo el Poder Judicial de la Ciudad, excepto el Tribunal Superior de Justicia y el Ministerio Público para contratos inferiores a 500 000 unidades de compra.

La Ley 2095, al igual que la mayoría de las leyes de contratación pública promulgadas en los últimos años en diferentes países y a nivel subnacional en varios distritos, organiza el sistema basándose en el principio de centralización normativa y descentralización operativa. Esto se traduce en el establecimiento de una función rectora del sistema (que puede ser mediante la creación de un órgano especializado o la asignación de esta función a una organización ya existente) y una función operativa, correspondiente a las unidades operativas de adquisiciones (UOA). En el caso del Poder Ejecutivo (Gobierno de la CABA, GCABA), el Artículo 17 define la Dirección General de Compras y Contrataciones, dependiente del Ministerio de Hacienda y Finanzas, como el órgano rector, y las UOA como las áreas de compras de las jurisdicciones y entidades del GCABA.

Las funciones del órgano rector, según el Artículo 19 de la Ley 2095, son las siguientes: (City of Buenos Aires, 2006[10])

- Proponer políticas de compras y contrataciones que podrán considerar los demás poderes.
- Proponer el dictado de normas reglamentarias, aclaratorias, interpretativas y complementarias en la materia.
- Recopilar, ordenar y mantener actualizada la normativa vigente sobre las contrataciones del sector público de la Ciudad.
- Diseñar, implementar y administrar un Sistema de Información que permita el ingreso por vía internet para el seguimiento de la gestión de todas las adquisiciones que se realicen con las pautas establecidas en el Artículo 77.
- Administrar el funcionamiento del Registro Informatizado Único y Permanente de Proveedores; el Registro Informatizado de Bienes y Servicios y el Registro Informatizado de Información de Contrataciones de la Ciudad Autónoma de Buenos Aires.
- Suministrar al sitio en internet del Gobierno de la Ciudad toda la información referida al Sistema de Compras y Contrataciones.
- Aplicar las sanciones a los oferentes o adjudicatarios, a solicitud del órgano contratante.
- Proponer manuales de normas y procedimientos.
- Recopilar el programa anual de adquisiciones, a partir de la información que eleven las UOA.
- Elaborar y aprobar, el pliego único de bases y condiciones generales.
- Brindar capacitación a las UOA.
- Fijar y mantener actualizados los precios de referencia.
- Recomendar criterios generales y/o específicos de sustentabilidad.
- Promover el uso de mecanismos de prevención y detección de conductas anticompetitivas.

Asimismo, el Artículo 20 define las funciones de las UOA: (City of Buenos Aires, 2006[10])

- Confeccionar el programa anual de adquisiciones, a partir de los proyectos de adquisiciones anuales que eleven las unidades ejecutoras de programas o proyectos.
- Proporcionar a la Oficina de Gestión Sectorial (OGESE) de la jurisdicción toda la información necesaria para que realice la coordinación del sistema de contrataciones con el sistema presupuestario.
- Planificar las adquisiciones en conjunto con la OGESE mediante la confección de un Programa Anual de Contrataciones; e informarlas al Órgano Rector.
- Elaborar los pliegos de condiciones particulares.

- Informar al Órgano Rector sobre la evolución de la gestión de las adquisiciones bajo su responsabilidad, suministrando todos los datos al respecto a fin de integrarlos en el sistema de información.
- Aplicar las penalidades contractuales previstas en la Ley e informar de ello al Órgano Rector del Sistema de Adquisiciones y Contrataciones.
- Ejecutar los procesos de selección de los cocontratantes para aquellas contrataciones que le correspondieren, conforme lo establezca la reglamentación.
- Coordinar, agrupar y/o centralizar las contrataciones a su cargo cuando ello resulte conveniente.
- Proporcionar al Órgano Rector toda la información necesaria para el cumplimiento de sus funciones.

Reflejando la organización del Poder Ejecutivo, la Resolución 276 del CM, en su Artículo 17, regula la organización del sistema de contratación del Poder Judicial:

- "a. Órgano Rector: Corresponde al Plenario de Consejeros la función de elaborar y aprobar, el pliego único de bases y condiciones generales que rija en el ámbito del Poder Judicial excluido el Tribunal Superior de Justicia y las contrataciones propias que realice individualmente cada rama del Ministerio Público, en tanto no excedan las 500 000 unidades de compra, y la de proponer políticas de compras y contrataciones para la consideración de los demás poderes. Las demás funciones atribuidas al Órgano Rector por la Ley N° 2095, son ejercidas en ese mismo ámbito por la SAGyP conforme lo dispuesto por la Ley N° 31.
- b. Unidades Operativas de Adquisición: A los fines de la aplicación de la presente Ley, en el ámbito del Poder Judicial excluido el Tribunal Superior de Justicia y las contrataciones propias que realice individualmente cada rama del Ministerio Público, en tanto no excedan las 500 000 unidades de compra, las funciones atribuidas por la Ley N° 2095 a la unidad operativa de adquisición serán ejercidas por la Dirección General de Compras y Contrataciones (DGCC), en tanto esas funciones no sean atribuidas por este Reglamento a otro órgano.".

A diferencia de lo que ocurre en el Poder Ejecutivo, en el CM las funciones de las UOA se concentran en la DGCC, que recibe y centraliza las necesidades de todos los juzgados, salas y fiscalías y lleva a cabo su adquisiciones y contrataciones a través del sistema del CM. De esta manera, la normativa modifica el principio de centralización normativa y descentralización operativa establecido en la Ley, sustituyéndolo por un sistema de centralización normativa en la SAGyP, que actúa como órgano rector, y de centralización operativa en la DGCC, que depende jerárquicamente de la SAGyP. Hasta ahora, el sistema parece funcionar bien para el volumen de compras que suele gestionar un poder judicial. Sin embargo, será necesario evaluar cuál será la carga de trabajo adicional, tanto en términos de número de procesos como de diversidad y complejidad de los artículos y categorías que se adquirirán cuando se lleve a cabo la futura transferencia de los tribunales nacionales al ámbito de la CABA. Si esa evaluación determina que la carga de trabajo adicional será significativa, lo cual es posible, habrá dos alternativas para garantizar el correcto funcionamiento del sistema de contrataciones del CM: i) fortalecer la DGCC para que pueda gestionar las solicitudes adicionales, lo que requeriría inversiones, por ejemplo, en soluciones informáticas y recursos humanos, o ii) avanzar hacia la descentralización operativa mediante la creación de unidades de contratación en toda la institución. Sin embargo, el proceso de transferencia depende de decisiones políticas; por lo tanto, la posibilidad de realizar un estudio también depende de esas decisiones, que quedan totalmente fuera del ámbito de competencia del CM.

La Ley 2095 establece el "principio de la vía electrónica" como eje de la contratación pública en el Gobierno de la CABA, al disponer que: «Los procedimientos de compras y contrataciones deberán ejecutarse por la vía electrónica...», y la Resolución CM N.º 276/2020 del Consejo de la Magistratura de la CABA dispone la implementación del sistema de contratación electrónica en el Poder Judicial de la CABA. (City of Buenos Aires, 2006[10])

En cuanto a la habilitación del canal electrónico en los procesos del sector público de la CABA, la Ley Nº 4736 regula el uso de archivos electrónicos, documentos electrónicos, firma electrónica, firma digital, comunicaciones electrónicas, notificaciones electrónicas y direcciones electrónicas establecidas en los procedimientos administrativos y procesos judiciales. Además, establece la Infraestructura de Firma Digital, otorgando al Poder Ejecutivo de la CABA la función de licenciatario para la implementación de la infraestructura de firma digital del Gobierno de la CABA. Esta debe ser utilizada por todas las unidades y coordinada con los poderes Legislativo y Judicial para su operatividad e implementación.

Volviendo a la Resolución CM Nº 276/2020, el Artículo 3 delega en la SAGyP la emisión de los manuales operativos y las normas complementarias necesarias para implementar un sistema electrónico de compras.

La Resolución CM Nº 2/2022, posteriormente complementada por la Resolución SAGyP Nº 20/2022, aprobó los manuales operativos del sistema JUC (Justicia Compra) y estableció que comenzaría su implementación a partir del 1 de febrero de 2022, para todas las licitaciones públicas, y a partir del 1 de abril de 2022, para todas las contrataciones directas del Poder Judicial de la CABA, con excepción del Tribunal Superior de Justicia y el Ministerio Público.

1.3. Relevancia de la contratación pública en el Consejo de la Magistratura

El presupuesto para 2024 aprobado por la Legislatura de la CABA asignó un total de ARS 148 000 millones al CM, lo que equivale a aproximadamente USD 158,2 millones (al tipo de cambio medio aplicado en 2024). Esto representa el 2.48% del presupuesto total de la CABA.

La siguiente tabla muestra la distribución del presupuesto total del CM entre las diferentes categorías de gasto. Dada la naturaleza de la actividad del CM, el 80.5% del presupuesto se destina a gastos de personal. El resto del gasto, con excepción del 0.8% destinado a transferencias, asciende al 19.4%, que se destina a bienes de consumo, bienes de capital y servicios no relacionados con el personal. Esos ARS 28 700 millones, equivalentes a aproximadamente USD 30,7 millones, son el importe máximo del presupuesto que podría ejecutarse a través del sistema de contrataciones del CM.

Cuadro 1.1. Composición del presupuesto del Consejo de la Magistratura, 2024

Categoría	%
Bienes de consumo	0.68
Bienes de capital	5.47
Gastos de personal	80.52
Servicios no relacionados con el personal	13.26
Transferencias	0,08
TOTAL	100

Fuente: (Ciudad de Buenos Aires, n.d.[11])

Para comprender plenamente la relevancia de las contrataciones en el CM, es importante compararlo con otros poderes judiciales. Una primera comparación relevante sería con una provincia argentina, dado que, como se mencionó anteriormente, todas ellas tienen el mismo sistema republicano, con poderes judiciales independientes. La provincia de Córdoba es la segunda más grande en términos de población. Aunque tiene características muy diferentes a las de la CABA, dada su gran extensión territorial, el peso de los gastos de personal en el presupuesto del Poder Judicial (PJ) también es predominante, incluso mayor que en el CM.

Cuadro 1.2. Composición del presupuesto del Poder Judicial de Córdoba, 2024

Categoría	%
Bienes de consumo	0.87
Bienes de capital	5.30
Gastos de personal	89.53
Servicios no relacionados con el personal	4.30
Transferencias	0
TOTAL	100

Fuente: (Ministerio de Economía y Administración Pública, n.d.[12])

Otro caso de interés podría ser el del Tribunal de Justicia del Distrito Federal y los Territorios de Brasil (TJDFT), dado que el Distrito Federal (DF) es la capital del país. A diferencia de los poderes Ejecutivo y Legislativo del Distrito Federal, que operan con autonomía local, el TJDFT está integrado al Poder Judicial federal. Este arreglo refleja el diseño constitucional de Brazil en el que las funciones judiciales se mantienen bajo responsabilidad federal, mientras que las funciones de los ejecutivos y legislativos locales se ejercen a nivel distrital. En este marco, el TJDFT opera con una asignación presupuestal designada dentro del presupuesto del Poder Judicial federal. Aquí se confirma, una vez más, la elevada incidencia de los gastos de personal como porcentaje del presupuesto total.

Cuadro 1.3. Composición del presupuesto del Tribunal de Justicia del Distrito Federal y los Territorios de Brasil, 2024

Categoría	%
Bienes de capital	0.55
Gastos de personal	76.14
Gastos corrientes	23.31
Transferencias	0
TOTAL	100

Fuente: (Ministerio de Planificación, n.d.[13]).

Por último, el presupuesto del CM también puede compararse con el presupuesto del Poder Judicial de la Nación (PJN) de Argentina. Aunque se trata de un poder de gobierno de diferente nivel, con tribunales y juzgados en todo el territorio nacional, y no solo en la CABA, también aquí se verifica el predominio de los gastos de personal (en este caso, más del 90%). Dado que el presupuesto total del PJN en 2024 fue de alrededor de USD 1 529 millones y que el importe máximo gastado en contratación pública es de cerca del 6%, el volumen máximo de contratación para ese año sería de alrededor de USD 91,7.

Cuadro 1.4. Composición del presupuesto nacional del PJN, 2024

Categoría	%
Bienes de consumo	1.24
Bienes de capital	0.67
Gastos de personal	93.30
Servicios no relacionados con el personal	2.52
Transferencias	0.27
TOTAL	100

Fuente: (Presupuesto abierto, n.d.[14])

Estas comparaciones muestran que el 80.5% del presupuesto asignado a las remuneraciones del personal en el CM está en consonancia con lo que ocurre en otros poderes judiciales, ya que refleja la naturaleza del servicio de justicia. El resto del presupuesto en los casos analizados se destina a bienes de consumo, servicios no personales e inversión (por ejemplo, construcción, bienes de capital, etc.), y esta es la cantidad máxima que los poderes judiciales pueden ejecutar a través de sus sistemas de adquisiciones y contrataciones. La importancia de cada uno de estos conceptos depende de las características de cada sistema judicial y seguramente varía con el tiempo, pero siempre constituyen una cantidad relativamente menor dentro del presupuesto total, especialmente si se tiene en cuenta que incluye gastos generales como electricidad, gas, agua y servicios telefónicos.

Según las estimaciones anteriores, los montos gastados a través de las contrataciones en el PJN son aproximadamente el triple de los del CM, pero cabe señalar que el PJN incluye los tribunales nacionales de todo el país, no solo los que tienen su sede en la CABA. Por lo tanto, la comparación con el PJN sugiere que la futura transferencia de las jurisdicciones nacionales a la CABA podría tener un impacto moderado en el sistema de contrataciones del CM. De hecho, la proporción de las remuneraciones del personal es significativamente mayor en el PJN, con un 93.3%. Si se resta el 0.27% asignado a las transferencias y la parte de los servicios no personales correspondiente al pago de los servicios generales, es probable que el presupuesto ejecutado a través del sistema de compras y contrataciones no supere el 6% del total.

Referencias

Boletín Oficial de la Ciudad Autónoma de Buenos Aires (1998), “Ley Orgánica del Consejo de la Magistratura,” 475, https://mptutelar.gob.ar/sites/default/files/Ley31_Ley_organica_Consejo_Magistratura_CABA.pdf. [9]

City of Buenos Aires (2006), “Ley de Compras y Contrataciones de la Ciudad Autónoma de Buenos Aires”, *Official Gazette of the City of Buenos Aires*, https://boletinoficial.buenosaires.gob.ar/normativaba/norma/91501. [10]

City of Buenos Aires (1998), “Ley Orgánica del Consejo de la Magistratura”, *Official Gazette of the City of Buenos Aires* 475, https://mptutelar.gob.ar/sites/default/files/Ley31_Ley_organica_Consejo_Magistratura_CABA.pdf. [7]

City of Buenos Aires (1996), *Constitución de la Ciudad Autónoma de Buenos Aires*, https://www.argentina.gob.ar/sites/default/files/constitucion-caba.pdf. [6]

Ciudad de Buenos Aires (n.d.), *Presupuesto*, https://data.buenosaires.gob.ar/. [11]

Consejo de la Magistratura de la Ciudad Autónoma de Buenos Aires (n.d.), *Misión y mandato*, http://www.consejo.jusbaires.gob.ar. [8]

Ministerio de Economía y Administración Pública (n.d.), *Presupuesto*, https://economiaygestionpublica.cba.gov.ar/publicacion/presupuesto/. [12]

Ministerio de Planificación (n.d.), , https://www.gov.br/planejamento/pt-br/assuntos/orcamento/orcamentos-anuais/2024. [13]

OECD (2025), *Government at a Glance 2025*, OECD Publishing, Paris, https://doi.org/10.1787/0efd0bcd-en. [1]

OECD (2025), *Implementing the OECD Recommendation on Public Procurement in OECD and Partner Countries: 2020-2024 Report*, OECD Public Governance Reviews, OECD Publishing, Paris, https://doi.org/10.1787/02a46a58-en. [4]

OECD (2025), *Implementing the OECD Recommendation on Public Procurement in OECD and Partner Countries: 2020-2024 Report*, OECD Public Governance Reviews, OECD Publishing, Paris, https://doi.org/10.1787/02a46a58-en. [5]

OECD (2024), *Government at a Glance: Latin America and the Caribbean 2024*, OECD Publishing, Paris, https://doi.org/10.1787/4abdba16-en. [2]

OECD (2024), *Panorama de las Administraciones Públicas: América Latina y el Caribe 2024*, OECD Publishing, Paris, https://doi.org/10.1787/0f191dcb-es. [3]

Presupuesto abierto (n.d.), , https://presupuestoabierto.gob.ar/. [14]

2 La transformación digital del Consejo de la Magistratura

Este capítulo analiza las medidas implementadas por el Consejo de la Magistratura en relación con la adopción de herramientas y sistemas digitales, y cómo estos han creado un entorno favorable para la transformación digital de la contratación pública. Asimismo, aborda medidas adicionales para llegar a una estrategia de transformación digital de la contratación pública en el Consejo de la Magistratura, con el fin de integrar cambios transversales y sistémicos basados en tecnologías digitales. El capítulo también analiza la rápida adopción de la contratación electrónica en el Consejo de la Magistratura, tomando como base la experiencia del Poder Ejecutivo del gobierno de la ciudad. Finalmente, revisa la experiencia del Consejo de la Magistratura con el uso de tecnologías innovadoras como la inteligencia artificial y los modelos extensos de lenguaje, y cómo estas iniciativas podrían aportar lecciones aprendidas para su aplicación en las operaciones de contratación pública.

Durante más de veinte años, y especialmente durante la década de 1990, el desarrollo de los sistemas de contratación electrónica en los países de la OCDE se centró en la creación de plataformas centralizadas para publicar información sobre contratación pública. El interés se centraba principalmente en el establecimiento de sistemas que abarcaran las principales etapas del ciclo de contratación, en particular la fase licitatoria. Estos avances tenían como objetivo principal mejorar la transparencia del sistema de contratación pública. La situación evolucionó hacia el desarrollo de sistemas de contratación electrónica que no solo mejoraban la transparencia, sino también la eficiencia y la eficacia de las actividades de contratación. Del mismo modo, las últimas tendencias tienen por objeto promover la estandarización, ampliar la cobertura al ciclo completo de la contratación pública (es decir, las fases pre- y post-licitatorias), gestionar el desempeño e integrar el sistema de contratación electrónica con otras plataformas digitales, como las relacionadas con la elaboración de presupuestos y las finanzas públicas, con el fin de optimizar el uso de los recursos públicos, mejorar el intercambio de información entre entidades gubernamentales y automatizar procesos. La Recomendación de la OCDE sobre Contratación Pública prevé estos usos de los sistemas de contratación electrónica. (OECD, 2018[1])

Recuadro 2.1. El principio de contratación electrónica en la Recomendación de la OCDE sobre Contratación Pública

La Recomendación de la OCDE sobre Contratación Pública invita a los adherentes a mejorar el sistema de contratación pública aprovechando el uso de las tecnologías digitales para apoyar la innovación a través de la contratación electrónica a lo largo de todo el ciclo de contratación pública. Con este fin, los adherentes deberán:

i. Hacer uso de las novedades más recientes en materia de tecnología digital que aporten soluciones integradas de contratación electrónica para todo el ciclo de la contratación pública. Es preciso que se utilicen en la contratación pública las tecnologías de la información y la comunicación, pues permiten garantizar la transparencia y el acceso a las licitaciones públicas, impulsando la competitividad, simplificando los procedimientos de adjudicación de contratos y la gestión de estos, procurando ahorros en los costos e integrando la información correspondiente a las esferas de la contratación pública y las finanzas públicas.

ii. Procurarse herramientas avanzadas de contratación electrónica que sean modulares, flexibles, escalables y seguras, a fin de que se garanticen la continuidad de las actividades, la privacidad y la integridad, se dispense un trato justo y se proteja la información sensible, a la vez que se dispone de las capacidades y funciones necesarias que permitan la innovación en la actividad. Las herramientas de contratación electrónica deberán ser sencillas de utilizar, adecuadas a sus fines y, en la medida de lo posible, ser homogéneas entre todas las entidades que participan en la contratación pública; los sistemas excesivamente complicados pueden introducir elementos que pongan en peligro la aplicación y ser un obstáculo para los nuevos participantes o las pequeñas y medianas empresas.

Nota: La Recomendación de la OCDE sobre Contratación Pública de 2015 se encuentra actualmente en revisión.
Fuente: (OECD, 2015[2])

Los resultados de la Encuesta de la OCDE sobre Contratación Pública 2024 sugieren que los sistemas de contratación electrónica están sometidos a presión para evolucionar y mantenerse al día con los avances tecnológicos. Se constató que el 58% de los encuestados (23 de 40 países) llevó a cabo actualizaciones sustanciales del sistema nacional de contratación electrónica en 2023, mientras que el 83% lo hizo en los últimos tres años (2021-23), lo que sugiere la necesidad de que los sistemas de contratación electrónica se mantengan al día con las últimas tecnologías. Solo la República Checa y Corea informaron que sus últimas actualizaciones se realizaron hace más de cinco años. (OECD, 2025[3])

Hoy en día, la transformación digital de la contratación pública requiere un replanteamiento fundamental de las estrategias, estructuras y operaciones de contratación, que va más allá de la digitalización de registros, sistemas y procesos. Esta transformación representa un cambio sustancial en el que la tecnología remodela de forma fundamental las prácticas de contratación, permitiendo la innovación y las estrategias de adaptación. Del mismo modo, implica un cambio integral que afecta a organizaciones enteras y a su personal, impulsando cambios transversales en las estrategias y los comportamientos para promover el uso de las tecnologías digitales por diseño. La Gráfica 2.1 ilustra la evolución desde la digitalización hasta la transformación digital.

Gráfica 2.1. La evolución desde la digitalización hasta la transformación digital

Fuente: (OECD Publishing, 2025[4]).

En resumen, la transformación digital de la contratación pública implica: i) replantearse todo el proceso de contratación de principio a fin, incluidas las fases pre- y post-licitatorias; ii) incorporar tecnologías innovadoras y emergentes en los procesos de contratación; y iii) invertir en capacidades de datos, como sistemas de recopilación, almacenamiento, gestión y uso compartido. La experiencia de los países de la OCDE sugiere que la transformación digital de la contratación pública se sustenta en tres pilares: la integración al ciclo de vida (Capítulo 4), la adopción de tecnologías emergentes (sección 2.3) y capacidades robustas en materia de datos (Capítulo 5).

En este capítulo se analiza cómo ha abordado el *Consejo* de la Magistratura (CM) su transformación digital y cómo este proceso ha contribuido a la adopción de la contratación electrónica. Asimismo, se resumen los últimos avances del CM en lo que respecta a la adopción de tecnologías digitales, como las herramientas basadas en inteligencia artificial (IA).

2.1. Hacia una estrategia de transformación digital para el Consejo de la Magistratura

En 2013, con la promulgación de la Ley Nº 4736 por la Legislatura de la CABA, se otorgó validez legal al uso de archivos electrónicos, documentos electrónicos, firma electrónica, firma digital, comunicaciones electrónicas, notificaciones electrónicas y direcciones electrónicas establecidas, tanto en procedimientos administrativos (incluida la contratación pública) como en procesos judiciales, iniciando una evolución sin papel que ha avanzado significativamente desde entonces.

También en 2013, mediante la Resolución CM Nº 219/2013, se aprobó el "Plan de Gobierno Abierto del Poder Judicial de la Ciudad Autónoma de Buenos Aires". Este plan estableció los mecanismos necesarios para garantizar una mayor transparencia en la gestión, permitir el acceso a la información según los estándares y normas establecidos para tal fin y fortalecer los canales de participación ciudadana, con el objetivo de consolidar una administración de justicia más transparente, accesible y receptiva. La Resolución Presidencial N.° 1165/2015 creó la Oficina de Gobierno Abierto con el objetivo de recopilar, producir y publicar información del ámbito judicial de la CABA. Posteriormente, la Resolución Presidencial Nº 1317/2021 modificó la estructura, creando la Dirección de Justicia Abierta, dependiente de la Secretaría de Planificación del Centro de Planificación Estratégica, cuyas funciones están relacionadas con la implementación del Plan de Justicia Abierta, incluida la administración del sitio web de gobierno abierto del Poder Judicial de la CABA, https://jusbairesabierto.gob.ar/.

En 2017 (Resolución CM Nº 42/2017 y Resolución Nº 19/2019), se ordenó el uso obligatorio del "Expediente Judicial Electrónico (EJE) en los Juzgados de Primera y Segunda Instancia del Poder Judicial de la CABA».

En 2020, la Resolución CM Nº 268/2020 aprobó el "Protocolo para la digitalización de expedientes judiciales", que regula el proceso de digitalización de expedientes en el ámbito del Poder Judicial de la CABA, dando prioridad a los expedientes en trámite, y delegó la implementación y coordinación del protocolo a la Secretaría de Administración General y Presupuesto del Poder Judicial (SAGyP).

A principios de 2021, la Resolución CM Nº 31/2021 aprobó el "Proyecto de Transformación Digital", bajo la responsabilidad de la Secretaría de Innovación, que se desarrolló a lo largo de ese año para optimizar el uso del sistema EJE y otras herramientas de gestión informática del Consejo de la Magistratura.

En el ámbito de los procesos internos, también ha sido clave la implementación del Sistema de Gestión de Trámites Administrativos Electrónicos (SISTAE) a partir de 2018. Las funcionalidades del sistema incluyen la identificación única de los trámites administrativos, el seguimiento en tiempo real del estado de los trámites, la agilización de la tramitación de solicitudes y la presentación de trámites a través de la Mesa de Entradas, la integración con el resto de los sistemas del Poder Judicial de la Ciudad Autónoma de Buenos Aires (CABA) y la implementación de la firma digital en todo el trámite, entre otras.

Otro avance importante fue la puesta en marcha del sistema *Pilagá*, un sistema de administración financiera, presupuestaria y contable desarrollado por el Consejo Interuniversitario Nacional (CIN) y utilizado por universidades nacionales y organismos públicos de diversas jurisdicciones. En enero de 2021, mediante la Resolución SAGyP Nº 14/2021, se aprobó el contrato interadministrativo entre el CM y el CIN para la adquisición del derecho de uso perpetuo del sistema *Pilagá* dentro del CM. Por su parte, el CIN se comprometió a asesorar sobre el mantenimiento del sistema, permitir el acceso a cualquier nueva versión del sistema *Pilagá* que se desarrolle, realizar ajustes para resolver los errores notificados y proporcionar apoyo técnico y/o funcional para el sistema.

Estos avances demuestran que, desde hace varios años, existe en el CM un entorno favorable al gobierno abierto, en general, y al gobierno electrónico, en particular, lo que sentó las bases para la adopción de la contratación electrónica. Este entorno ha permitido avanzar en la digitalización de la gestión del CM, tanto en su interacción con los ciudadanos y la sociedad como en sus procesos internos, incluida la contratación pública. Además, como se analizará más adelante en el Capítulo 4, la integración del sistema de contratación electrónica del CM, JUC (*Justicia Compra*), con los sistemas SISTAE y *Pilagá* es fundamental para ampliar las funcionalidades de JUC e incorporar diferentes etapas del ciclo de la contratación pública. Por ejemplo, la integración completa con el sistema *Pilagá* permitiría interconexiones más sólidas entre la contratación pública y la planificación presupuestaria.

No obstante, ese entorno favorable surgió de una serie de iniciativas adoptadas a lo largo del tiempo, y no como parte de una estrategia única e integrada de transformación digital para el CM. Una transformación digital eficaz no consiste solo en integrar la tecnología, sino que requiere desarrollar las capacidades necesarias para replantear y rediseñar de forma fundamental los procesos, la cultura y la experiencia tanto de los empleados del CM como del público que utiliza las herramientas digitales.

En consecuencia, el CM podría considerar el desarrollo de una estrategia de transformación digital con una visión clara, alineada con su misión de ser el órgano permanente para la selección de jueces y para la administración, a fin de garantizar la independencia del Poder Judicial de la CABA, asegurar la prestación eficiente y eficaz del servicio de administración de justicia y satisfacer las demandas sociales relativas a la función jurisdiccional del Estado. En el caso del CM, quizás más claramente que en cualquier otro, las funciones administrativas no son "auxiliares", sino fundamentales para su misión institucional. Por lo tanto, la contratación pública ocupa un lugar destacado y debe formar parte de la estrategia del CM.

Además, la estrategia debe articularse en un plan de acción con objetivos, metas, recursos, responsabilidades y mecanismos de coordinación claramente asignados. Para garantizar que este plan pueda implementarse, es importante que se institucionalice, no solo a través de resoluciones del más alto nivel del CM, sino también mediante un liderazgo claro y una articulación continua y fluida entre las diferentes áreas del CM. Sin duda, será necesaria una estrategia sostenida y con recursos suficientes para asegurar la implementación y cosechar los beneficios de la transformación digital en todo el CM, y no solo en procesos específicos o aislados.

2.2. Consolidar la adopción de la contratación electrónica en el Consejo de la Magistratura

El CM puso en marcha la adopción del sistema de contratación electrónica "JUC" en 2021, tras la aprobación de la Resolución CM Nº 6/2021, que es el acuerdo de cooperación técnica para la cesión gratuita de la licencia de uso del sistema de contratación electrónica del Poder Ejecutivo BAC (Buenos Aires Compra) para su implementación en el CM. Por lo tanto, JUC es una adaptación de BAC y la experiencia con este último facilitó la implementación del primero.

Las funcionalidades del sistema JUC abordan básicamente la fase licitatoria, pero no tanto las etapas pre- y post-licitatorias (en el Capítulo 4 se ofrece una explicación más detallada).

La adopción del sistema de contratación electrónica fue bastante rápida, siguiendo la progresión que se muestra en el siguiente cuadro:

Cuadro 2.1. Adopción del sistema de contratación electrónica

Año	Contratación anual del CM (número de procesos)	Procesos JUC (% del total de procesos)
2022	108	50
2023	105	58.1
2024	116	63.7

Fuente: Información proporcionada por el CM.

Todos los procesos de contratación del CM se realizan a través de JUC, excepto los contratos de impresión de libros, para los que el CM tiene un acuerdo especial con la Editorial Universitaria de Buenos Aires (EUDEBA), los arrendamientos inmobiliarios y los seguros. Las principales categorías contratadas a través de JUC corresponden al suministro de bienes y servicios de tecnologías de la información, mobiliario y la contratación de servicios generales para mantenimiento de edificios.

En términos de valor financiero, en 2024 los contratos adjudicados a través de JUC ascendieron a un total de USD 32.7 millones, contratados en parte en pesos argentinos (ARS 11 244 millones, equivalentes a USD 10.6 millones) y 22.1 millones contratados directamente en dólares. El 93.5% de esta cantidad se contrató a través de licitaciones públicas (LP), el 6.3 % a través de contratación directa (CD) y solo el 0.2% a través de convenios marco.

Cuadro 2.2. Procesos de contratación en JUC en 2024

Modalidad	Procesos	Importe (pesos)	Importe (USD)
Contratación directa (CD)	21	2 191 932 732.48	0
Convenios marco	11	109 631 289.02	78 875
Licitaciones públicas (LP)	42	8 942 822 628.86	22 092 853.11
TOTAL	74	11 244 386 650.36	22 171 728.11

Fuente: Información proporcionada por el CM.

Las razones de la rapidez con la que se implementó JUC incluyen: en primer lugar, que se trata de una adaptación del BAC, un sistema robusto y altamente probado que el gobierno de la Ciudad Autónoma de Buenos Aires (GCABA) ha estado utilizando desde 2012 para gestionar un volumen y una variedad de contrataciones mucho mayores que los del CM, y que la adaptación y configuración de JUC contó con el apoyo del GCABA y de la empresa consultora que desarrolló y da mantenimiento al BAC.

En segundo lugar, la mayoría de los proveedores del CM también son proveedores del GCABA, por lo que ya estaban familiarizados y acostumbrados a utilizar el sistema. Otro factor que sin duda facilitó la implementación de JUC es la decisión, mencionada en el Capítulo 1, de centralizar la operación de las compras en la DGCC (Dirección General de Compras y Contratación). Dado el reducido número de procesos de contratación y su baja complejidad, las capacidades de la DGCC y los mecanismos de reporte a través del SISTAE por las entidades solicitantes (áreas internas del CM, juzgados, salas y fiscalías) eran suficientes, y no fue necesario desarrollar las nuevas capacidades necesarias para gestionar las compras directamente de forma descentralizada.

2.3. Avanzar en el uso experimental de las tecnologías digitales en la contratación pública en el Consejo de la Magistratura

Una tendencia más reciente en la contratación electrónica consiste en la adopción de tecnologías digitales para mejorar la eficiencia. Tecnologías como el almacenamiento en la nube y la analítica de datos son utilizadas por diferentes autoridades contratantes en los países de la OCDE, lo que permite acceder a más datos y agilizar procesos. La Encuesta de la OCDE sobre Contratación Pública 2024 reveló que las tecnologías emergentes más comunes son el almacenamiento en la nube para los datos de contratación y la analítica de datos, mientras que el blockchain y el Internet de las cosas tienen margen para una implantación más generalizada (véase la Gráfica 2.2). (OECD, 2025[3])

Gráfica 2.2. Tecnologías innovadoras utilizadas en actividades de contratación pública, 2024

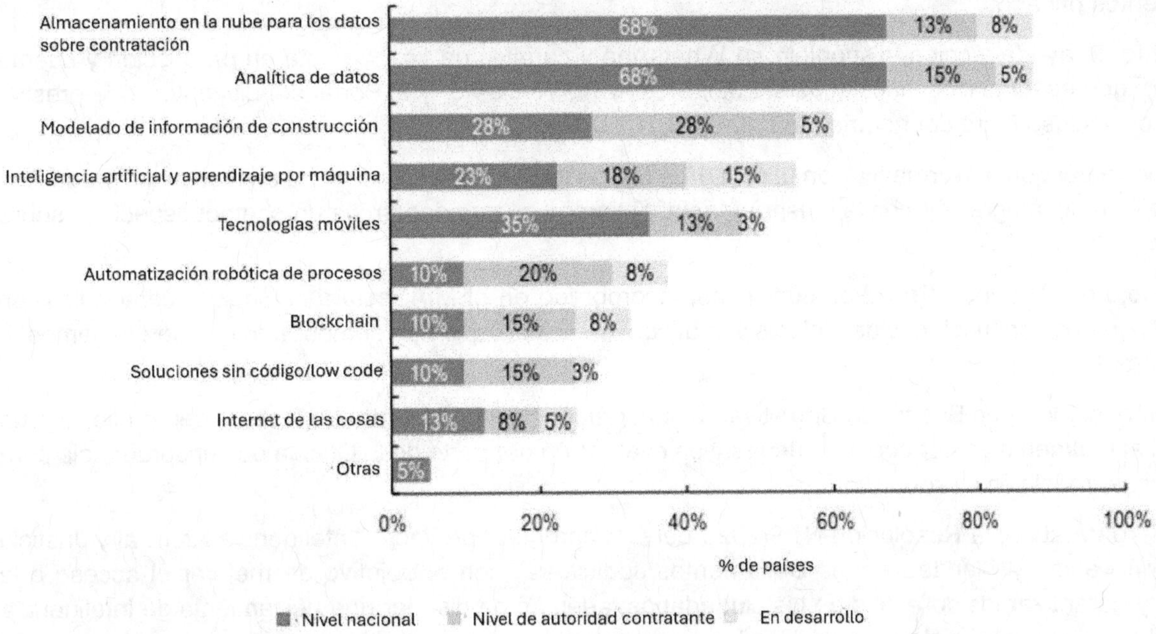

Nota: Se muestran los datos de 40 encuestados.
Fuente: (OECD, 2025[3])

El uso de estas tecnologías digitales está marcando un cambio hacia la "contratación inteligente", pero no se utilizan de manera uniforme en los diferentes aspectos de la contratación. El 70% de los participantes en la Encuesta de la OCDE sobre Contratación Pública (28 de 40 países) las utilizan para promover la transparencia, el 68% con fines de control y vigilancia y el 58% para mejorar la eficiencia administrativa. La gestión de inventarios es la actividad de contratación pública con mayor margen sin explotar para incorporar tecnologías digitales (solo 5 países, es decir, el 13%) (véase la Gráfica 2.3). (OECD, 2025[3]) Por ejemplo, la Auditoría Superior de la Federación (ASF) de México utiliza actualmente la inteligencia artificial para identificar indicios de comportamiento corrupto y detectar patrones sospechosos en las relaciones entre los oferentes. (OECD, 2022[5]) Del mismo modo, la Contraloría General de la República (CGR) de Costa *Rica* está poniendo a prueba el uso de la IA en el control y la supervisión del cumplimiento contractual en las obras públicas. Además, el sistema ALICE en Brasil utiliza la inteligencia artificial para analizar ofertas, contratos, y avisos públicos, y para monitorear continuamente las actividades de contratación pública en las agencias federales, identificando riesgos e irregularidades en tiempo real.

En agosto de 2021, el Plenario del CM emitió la Resolución CM Nº 108/2021, que aprueba la elaboración, dirección y coordinación del Programa de Inteligencia Artificial para la Modernización e Innovación del Poder Judicial de la Ciudad de Buenos Aires. La Resolución invita a los jueces, al Tribunal Superior de Justicia de la CABA y a los Ministerios Públicos a participar en el Programa.

En este marco, se implementaron: "MIA" (Motor de Inteligencia Artificial), el Agente de Ayuda Técnica, el Motor de Búsqueda Normativa con Modelo Extenso de Lenguaje (LLM), el Control Piloto de Procesos Judiciales y el Motor de Búsqueda Cognitiva de Jurisprudencia.

La implementación de las diversas herramientas de IA en el Poder Judicial de la ciudad ha generado resultados significativos, sentando las bases para experimentar con la aplicación de tecnologías digitales en áreas como la contratación pública. El MIA se encuentra en producción en el área de ejecución fiscal, donde actualmente interviene en aproximadamente el 70% de los casos, logrando una reducción de cerca del 60% en los tiempos de tramitación. Además, ha incorporado nuevas funciones, como síntesis de casos y un chatbot conversacional para expedientes públicos, siendo el siguiente paso habilitar el acceso a expedientes privados.

El agente de ayuda técnica, disponible en WhatsApp y canales de voz, ya está en producción y cuenta con subagentes temáticos vinculados al EJE, SISTAE, *MiReclamo*[1] y el Portal del Litigante[2], que prestan asistencia incluso fuera del horario laboral.

El Motor de Búsqueda Normativa con LLM (*Large Language Model*) se encuentra en fase piloto productiva y avanza en su integración con la jurisprudencia, al tiempo que se desarrolla un chatbot específico sobre el tema.

El Copiloto o Control de Procesos Judiciales, incorporado en el MIA, está funcionando como piloto en varios juzgados con funciones de síntesis y chat conversacional que han demostrado un buen desempeño hasta ahora.

Por último, el Motor de Búsqueda Cognitiva de Jurisprudencia se encuentra en fase de desarrollo, con un chatbot actualmente en periodo de pruebas y en evaluación por parte de la Oficina de Jurisprudencia para su próxima transición a producción.

En febrero de 2025, la Resolución N.° 9/2025 del CM aprobó el proyecto "Inteligencia Artificial y Justicia (IAJ): Innovación y Claridad en los Documentos Judiciales", con el objetivo de mejorar el acceso a la justicia y garantizar los derechos de los ciudadanos, además de diseñar una herramienta de inteligencia artificial para mejorar la claridad de los documentos jurídico-administrativos mediante la aplicación de directrices de lenguaje ciudadano.

También en ese mes se emitió la Resolución Presidencial Nº 206/2025, que aprueba la "Guía de recomendaciones y directrices para el uso de sistemas de inteligencia artificial (IA) en el Poder Judicial de la Ciudad Autónoma de Buenos Aires", que adapta las acciones del Poder Judicial a los estándares nacionales e internacionales en materia de recomendaciones y directrices para el uso responsable de dichos sistemas actualmente vigentes.

Actualmente se está elaborando un "Manual de buenas prácticas para el uso de la inteligencia artificial generativa", que constituirá un conjunto de principios y recomendaciones de buenas prácticas, como estándares mínimos en la materia, para determinar el uso ético, seguro, adecuado, transparente y responsable de la IA en el ámbito del Poder Judicial.

En junio de 2025, el Plenario emitió la Resolución CM 95/2025, por la que se crea el "Comité de Estandarización en Inteligencia Artificial", integrado por el presidente de la Comisión de Administración, Gestión y Modernización Judicial; el titular de la SAGyP; un representante de la Secretaría de Innovación; un representante de la Dirección General de Informática y Tecnología (DGIT); y un representante de cada una de las Presidencias de la Cámara de Casación y Apelación en lo Penal, Penal Juvenil, Contravencional y de Faltas, y de la Cámara de Apelaciones en lo Contencioso Administrativo, Tributario y Relaciones de Consumo; con el objetivo de diseñar, proponer, evaluar, intervenir y establecer iniciativas relacionadas con la estandarización, aprobación y/o unificación de propuestas, desarrollos y aplicaciones sobre IA dentro del Poder Judicial de la CABA.

La SAGyP implementa los procesos de digitalización para las diferentes áreas del Poder Judicial de la CABA. El Poder Judicial cuenta con una modalidad de firma digital, denominada Firma en la Nube, que permite firmar digitalmente documentos electrónicos sin necesidad de un token y desde cualquier dispositivo, como computadoras personales, tabletas o teléfonos celulares.

En el ámbito de la SAGyP, la DGIT es el área técnica encargada de proponer proyectos tecnológicos innovadores que permitan mejorar la calidad de los procesos judiciales y los procedimientos de gestión administrativa del Poder Judicial. La misión de la Dirección General es promover la prestación eficaz del servicio de justicia, así como lograr la satisfacción de las demandas sociales en relación con la función jurisdiccional del Estado. Este objetivo se logra mediante la organización y el mantenimiento de sistemas informáticos que permiten el acceso a información precisa, permanente y actualizada para todos los usuarios y agentes del servicio de justicia.

Sin duda, la IA se presenta como la gran promesa para transformar los servicios del sector público y la gestión de las organizaciones que los prestan. Su potencial transformador es enorme, pero el principal riesgo es considerarla únicamente como una herramienta para resolver problemas de gestión. El desarrollo de aplicaciones eficaces de IA requiere que una organización haya desarrollado, por ejemplo, procesos estandarizados, bases de datos integradas y sistemas interoperables. De lo contrario, es muy probable que prevalezca el principio de "si entra basura, sale basura", y la incorporación de la IA generará más frustración que soluciones.

El CM está avanzando en el desarrollo y la implementación de aplicaciones de IA, algunas de las cuales han demostrado buenos resultados iniciales. Sin embargo, aún quedan pendientes tareas básicas, como la interoperabilidad de los sistemas, que es un requisito fundamental para lograr un impacto significativo de la IA. Dicho esto, la experimentación previa y el desarrollo de directrices y capacidades para la implementación de tecnologías digitales respaldan el plan de aplicarlas en la contratación pública y la puesta a prueba de proyectos piloto, como el llevado a cabo con el apoyo de la Facultad de Derecho de la UBA.

Un buen ejemplo sobre cómo integrar de manera coherente la innovación tecnológica en un proceso de desarrollo de capacidades a largo plazo es el de ChileCompra, el órgano rector de la contratación pública en Chile, como se muestra en el Recuadro 2.2.

Recuadro 2.2. El uso de la IA en la contratación pública por parte de ChileCompra

En Chile, la contratación pública se ha transformado a través de ChileCompra, el órgano central de compras del país creado en el año 2000. ChileCompra gestiona Mercado Público, una plataforma electrónica que centraliza y agiliza la contratación de bienes y servicios para las entidades públicas. La plataforma admite acuerdos marco, que permiten a múltiples proveedores suministrar productos en condiciones estandarizadas, lo que fomenta la inclusión y la competencia. Con el tiempo, ChileCompra se ha convertido en la mayor tienda virtual de Chile, promoviendo la transparencia y la eficiencia en la contratación pública. Además, ha introducido herramientas innovadoras como ChileCompra Express, un mercado en línea que permite realizar compras directas a proveedores preaprobados sin necesidad de procesos de licitación adicionales.

En los últimos años, ChileCompra ha integrado la inteligencia artificial para modernizar aún más las prácticas de contratación pública. Introdujo plantillas de licitación estandarizadas para proyectos de inteligencia artificial y ciencia de datos como parte de su iniciativa Algoritmos Éticos, en colaboración con la Universidad Adolfo Ibáñez y el BID Lab. Estas plantillas incluyen requisitos de transparencia, privacidad, no discriminación y explicabilidad para garantizar un uso responsable de la inteligencia artificial en los contratos públicos. Además, el Observatorio de Contratación Pública de ChileCompra utiliza herramientas de IA, como el LLM, para analizar los datos de contratación pública en busca de irregularidades y mejorar el control del cumplimiento. Estos avances han permitido una supervisión más eficiente, al tiempo que se promueven los estándares éticos en la contratación pública.

Fuente: (OECD, 2025[6])

En el marco del plan estratégico de transformación digital recomendado anteriormente y del Programa de IA para la Modernización e Innovación del Poder Judicial de la Ciudad de Buenos Aires, el CM podría seguir explorando el potencial de las nuevas tecnologías, como la IA, para ampliar y reforzar su transformación digital, pero, al mismo tiempo, garantizar que los procesos estén estandarizados y limpios y, en la medida de lo posible, integrar bases de datos para maximizar los beneficios del uso de dichas tecnologías. La experiencia internacional sugiere que el CM podría hacerlo asociándose con otras instituciones con conocimientos expertos en el uso de tecnologías digitales.

De hecho, la experiencia de los países de la OCDE sugiere que, por ejemplo, la implementación de soluciones de IA sigue siendo en gran medida experimental y, en muchos contextos, los recursos necesarios aún no se comprenden del todo ni están disponibles. Entre las razones por las que los usos de la IA siguen siendo experimentales están la ausencia de fundamentos tales como la gobernanza de los datos, las tecnologías digitales y las competencias para operar las herramientas. En respuesta a estos retos, algunos países han optado por aprovechar las alianzas con actores no públicos, como las comunidades científicas y las instituciones académicas, para beneficiarse de la experiencia externa para el desarrollo y la implementación de iniciativas de IA. (OECD, 2024[7]) Dicho esto, el CM debe ser precavido respecto al potencial riesgo de dependencia excesiva en actores externos para el desarrollo e implementación de soluciones de IA. Una dependencia estructural podría limitar la autonomía institucional y la soberanía tecnológica sobre funciones públicas esenciales, que es la razón por la cual algunos países insisten en invertir en sus propias infraestructuras.

Uno de los desafíos que sin duda enfrentará el Poder Judicial de la CABA en los próximos años es la transferencia de las jurisdicciones de la Justicia Nacional a la ciudad. Esto implicará no solo un crecimiento cuantitativo en términos de juzgados, salas, personal, causas y expedientes, y procesos de contratación, sino también una mayor necesidad de coordinación, redefinición de procesos y acceso ciudadano, entre otros aspectos. Contar con una base digital sólida será uno de los requisitos fundamentales para afrontar este desafío con la capacidad de generar nuevos desarrollos y aplicaciones que permitan gestionar procesos de manera más eficaz y eficiente para cumplir con los objetivos y la misión del CM.

En el caso concreto de las contrataciones, como se menciona en el Capítulo 1, el traslado de las jurisdicciones nacionales pondrá a prueba el modelo centralizado que se utiliza actualmente para la gestión. A medida que se vaya adquiriendo mayor certeza sobre el proceso, será posible evaluar si será necesario avanzar hacia la descentralización o si será posible continuar gestionando las contrataciones de manera centralizada. Contar con las capacidades necesarias permitirá el desarrollo y la aplicación de soluciones tecnológicas que permitan una gestión eficiente, transparente y sostenible de los procesos de contratación, independientemente de la opción elegida.

2.4. Propuestas de acción

- La evidencia sugiere que una estrategia de transformación digital facilita la coherencia en todo el gobierno, evitando la fragmentación y los silos. El CM podría desarrollar una estrategia de transformación digital con una visión clara, alineada con su misión, para garantizar la prestación eficiente del servicio de administración de justicia y satisfacer las demandas de la sociedad. En el caso del CM, quizás más claramente que en cualquier otro, las funciones administrativas no son "auxiliares", sino fundamentales para su misión institucional. Como parte de estas funciones, la contratación pública ocupa un lugar destacado y, por lo tanto, debe formar parte de la estrategia, que debería articularse en un plan de acción con objetivos, metas, recursos y responsabilidades claramente asignados.
- Para garantizar la implementación de este plan, es importante que se institucionalice, no solo a través de resoluciones del más alto nivel del CM, sino también mediante un liderazgo claro y una articulación continua y fluida entre las diferentes áreas del CM.
- En el marco de este plan estratégico y del Programa de IA para la Modernización e Innovación del Poder Judicial de la Ciudad de Buenos Aires, el CM podría seguir explorando el potencial de

las tecnologías emergentes, como la IA, asociándose con instituciones expertas para ampliar y fortalecer su transformación digital y gestionando proyectos piloto según sea apropiado pero, al mismo tiempo, garantizar la estandarización de los procesos y, en la medida de lo posible, integrar bases de datos para maximizar los beneficios del uso de dichas tecnologías y evitar una dependencia excesiva en actores externos.

Referencias

OECD (2025), *Gobernar con la inteligencia artificial: Panorama actual y hoja de ruta en las funciones centrales de gobierno*, OECD Publishing, Paris, https://doi.org/10.1787/dc00e56a-es. [6]

OECD (2025), *Implementing the OECD Recommendation on Public Procurement in OECD and Partner Countries: 2020-2024 Report*, OECD Public Governance Reviews, OECD Publishing, Paris, https://doi.org/10.1787/02a46a58-en. [3]

OECD (2024), *Governing with Artificial Intelligence: Are governments ready?*, OECD Publishing, https://doi.org/10.1787/26324bc2-en. [7]

OECD (2022), *Strengthening Analytics in Mexico's Supreme Audit Institution: Considerations and Priorities for Assessing Integrity Risks*, OECD Publishing, https://doi.org/10.1787/d4f685b7-en. [5]

OECD (2018), *Mexico's e-Procurement System: Redesigning CompraNet through Stakeholder Engagement*, OECD Publishing, https://doi.org/10.1787/9789264287426-en. [1]

OECD (2015), *Recomendación del Consejo sobre Contratación Pública*, https://legalinstruments.oecd.org/en/instruments/OECD-LEGAL-0411. [2]

OECD Publishing (2025), "Digital transformation of public procurement: Good practice report", *OECD Public Governance Policy Papers*, No. 77, OECD Publishing, Paris, https://doi.org/10.1787/79651651-en. [4]

Notas

[1] *MiReclamo* es un portal (https://mireclamo.juscaba.gob.ar) de la Dirección del Sistema *de* Conciliación Previa en las Relaciones de Consumo, a través del cual se gestionan las conciliaciones, en el ámbito de la CABA, entre consumidores y empresas que comercializan bienes o prestan servicios.

[2] El Portal del Litigante es un sistema que simplifica la tarea de los profesionales del derecho, permitiéndoles controlar y gestionar íntegramente en línea los expedientes judiciales en los que intervienen. Su uso es obligatorio para la tramitación de los expedientes judiciales en el Poder Judicial de la CABA. Es el sistema que centraliza todos los procedimientos y garantiza la administración en línea de todos los documentos requeridos en los casos. Los abogados pueden editar sus datos personales, presentar demandas, enviar escritos, generar citaciones judiciales (cédulas), dejar notas electrónicas y confirmar la recepción de notificaciones en línea. Para acceder al portal, los profesionales litigantes registrados deben ingresar al sistema EJE.

3 La gobernanza de la contratación electrónica en el Consejo de la Magistratura

Este capítulo examina la distribución de poderes institucionales en el Consejo de la Magistratura que determina la gobernanza de la contratación electrónica. Analiza el papel de los principales actores en la transformación digital de la función de contratación del Consejo de la Magistratura y las sinergias con otras funciones, como las relativas al gobierno abierto y digital, así como a la vigilancia, el control y la auditoría. También revisa el papel potencial de los actores externos para facilitar la mejora continua del sistema de contratación electrónica JUC (Justicia Compra). Asimismo, el capítulo analiza el modelo de negocio de JUC y el grado en que el desarrollo de capacidades puede respaldar la contratación electrónica. Proporciona información sobre herramientas específicas que podrían ser útiles para el desarrollo de capacidades para la contratación electrónica, como marcos de competencias y esquemas de certificación.

3.1. Fortalecer la gobernanza del sistema de contratación electrónica JUC

La transformación digital de la contratación pública es una prioridad en muchos países miembros y socios de la OCDE, ya que puede contribuir a mejorar la gobernanza del sistema. Al agilizar los procesos para las autoridades contratantes y los proveedores, puede aumentar la eficiencia y la eficacia de las transacciones. También puede aumentar la agilidad, lo que permite una rápida adaptación a las cambiantes necesidades y favorece la innovación. Además, la recopilación y el uso de datos facilitados por las plataformas de contratación electrónica permiten una evaluación y una medición más precisas de los resultados, en particular en lo que respecta a objetivos económicos, medioambientales y sociales. Los datos generados por los sistemas de contratación pueden ser utilizados por una amplia gama de partes interesadas en la elaboración de políticas públicas y aumentar la transparencia, la confianza y la rendición de cuentas. Además, el cambio hacia sistemas digitales puede promover la facilidad de uso y la apertura, situando a las personas y a las empresas en el centro de los servicios públicos, fomentar una mayor participación de las pequeñas y medianas empresas (PYME) y facilitar la competencia. Sin embargo, la transformación digital en la contratación pública no debe perseguirse como un fin en sí mismo, sino como una iniciativa estratégica que se base en los sistemas existentes y los aproveche al máximo, y que contribuya a políticas públicas más amplias, como el gobierno digital, los datos abiertos y la integridad pública. (OECD, 2024[1])

Como se ha comentado en el capítulo 1, la Ley Nº 2095 establece el principio de la vía electrónica como pilar de la contratación pública en la ciudad de Buenos Aires, al dictar que la contratación y la adjudicación de contratos deben realizarse por medios electrónicos. Sobre la base de dicho mandato, la Resolución CM Nº 276/2020 del Consejo de la Magistratura de la CABA ordena la implementación de un sistema de contratación electrónica en el Poder Judicial del gobierno de la ciudad. El Artículo 3 de la mencionada Resolución delega en la SAGyP la facultad de encabezar el proceso mediante, entre otras cosas, la emisión de normas complementarias y manuales de operación para implementar el sistema de contratación electrónica. Asimismo, la SAGyP asume el liderazgo de la estrategia para adoptar herramientas de inteligencia artificial en los procesos de contratación pública.

En vista de ello, la gobernanza del sistema de contratación electrónica del Consejo de la Magistratura de la Ciudad de Buenos Aires (JUC, Justicia Compra, disponible enhttp://juc.jusbaires.gob.ar/) se basa en una distribución de poderes principalmente dentro de la SAGyP, pero que también incluye otras áreas del Consejo de la Magistratura. El JUC se gestiona principalmente desde la Dirección General de Compras y Contrataciones (DGCC) de la SAGyP y la Unidad de Evaluación de Ofertas (dependiente de la Dirección General de Administración).

Las principales partes interesadas en la transformación digital son las unidades requirentes (es decir, los usuarios) que solicitan la contratación pública de bienes y servicios a la DGCC, los operadores económicos que suministran bienes y servicios y los responsables de la formulación de políticas de contratación pública. Además, entre las partes interesadas se incluyen otras instituciones y actores que participan en el gobierno digital, la transformación del sector público y la vigilancia y control. Esta diversidad de partes interesadas puede plantear retos a la hora de diseñar y aplicar herramientas y sistemas que satisfagan las necesidades de todos los participantes.

Las iniciativas actuales sobre gobierno digital en el Consejo de la Magistratura abren posibilidades para avanzar en la transformación digital de la contratación pública con el fin de aprovechar las políticas destinadas a incrementar las capacidades para adoptar y utilizar herramientas y datos digitales. En 2021, la Resolución N.° 31/2021 estableció el Proyecto de Transformación Digital del Consejo de la Magistratura, encabezado por la Secretaría de Innovación para optimizar el uso de herramientas digitales en la gestión del Consejo de la Magistratura. Esta iniciativa convierte a la Dirección General de Informática y Tecnología (DGIT) de la SAGyP en un área crítica para la coordinación. La DGIT es responsable de sugerir proyectos para adoptar tecnologías innovadoras que mejoren la calidad de los servicios judiciales y los procesos administrativos del Consejo de la Magistratura. Esto se logra mediante la adopción y el mantenimiento de sistemas informáticos que permiten el acceso y el procesamiento de información precisa, permanente y actualizada para los usuarios y agentes del sistema judicial. Por ejemplo, la DGIT encabeza el proceso de digitalización de las diferentes áreas del Consejo de la Magistratura, incluidos los expedientes judiciales electrónicos y la adopción de la firma electrónica (firma en la nube). También da soporte a la infraestructura digital de las herramientas electrónicas adoptadas en el Consejo de la Magistratura. Además, dicta las normas de protección e integridad de los datos. De hecho, alinear la transformación digital de la contratación pública con agendas digitales más amplias es clave para lograr la coherencia y la sostenibilidad más allá de los periodos gubernamentales. El caso de Irlanda (véase el Recuadro 3.1) es ilustrativo sobre cómo alinear la transformación digital de la contratación pública con agendas digitales más amplias. Aunque el caso se refiere a un gobierno nacional, sugiere que la coherencia y un enfoque transversal del gobierno digital pueden apoyar la transformación digital de la contratación pública.

Recuadro 3.1. Alinear la transformación digital de la contratación pública con una ambiciosa agenda digital en Irlanda.

Las iniciativas específicas sobre gobierno digital en Irlanda abrieron oportunidades para la transformación digital de la contratación pública con el fin de aprovechar las políticas públicas y medidas destinadas a aumentar las capacidades de las instituciones del sector público para adoptar y utilizar herramientas y datos digitales. Estrategias como *Harnessing Digital: The Digital Ireland Framework* (Aprovechar lo digital: el marco digital de Irlanda), *Connecting Government 2030: A Digital and ICT Strategy for Ireland's Public Service* (Conectar el Gobierno 2030: una estrategia digital y de TIC para los servicios públicos de Irlanda) y *Better Public* Services (Mejores servicios públicos) establecieron una visión sólida para la transformación digital del gobierno. Aunque la contratación pública no era el objetivo principal, existían oportunidades para la transformación digital de la contratación pública.

Harnessing Digital, la estrategia digital nacional de Irlanda, se publicó en 2022. Se organiza en cuatro dimensiones: transformación digital de las empresas; infraestructura digital; competencias; y digitalización de los servicios públicos. En el marco de la dimensión de digitalización de los servicios públicos, la estrategia se compromete a lograr un modelo de servicio más centrado en el usuario, lo que incluye aprovechar y desarrollar la prestación de servicios digitales. También reconoce el papel de una gobernanza de los datos robusta y del aprovechamiento de los datos públicos para aumentar la transparencia y mejorar los servicios públicos.

La estrategia digital y de TIC en los servicios públicos de Irlanda, *Connecting Government 2030*, también se publicó en 2022. Su objetivo es cambiar la forma en que interactúan las personas, las empresas y los responsables de políticas públicas, garantizando la interoperabilidad entre niveles de gobierno y servicios públicos. La estrategia definió seis áreas de acción prioritarias con implicaciones directas para la transformación digital de la contratación pública.

Por su parte, *Better Public Services*, la estrategia de transformación de los servicios públicos de Irlanda, marcó la dirección de la reforma estratégica de la función pública irlandesa. La estrategia se centra en seis resultados: un mayor uso de las tecnologías digitales, una mayor satisfacción de los clientes, una mayor confianza de los ciudadanos, un mayor compromiso de los empleados, una mejor calidad de los servicios públicos y una mayor eficacia del gobierno.

Fuente: (OECD, 2024[1])

La Dirección General de Datos Abiertos es otra área que colabora con la SAGyP para facilitar la adopción de estándares de datos abiertos en JUC. Sin embargo, este proyecto se encuentra actualmente en fase de desarrollo, ya que aún se están definiendo varios detalles operativos.

Para efectos de la integridad y el control, la Dirección General de Control *de* Gestión y Auditoría Interna del Consejo de la Magistratura (DGCGyAI) desempeña la función de control ex post de los procesos de adquisiciones y contrataciones basándose en los archivos electrónicos contenidos en la plataforma correspondiente (SISTAE) y en los datos proporcionados en JUC. La DGCGyAI estima que, en promedio, la muestra auditada de procesos de contratación pública alcanza el 20-25 % del total.

La Gráfica 3.1 ilustra las sinergias entre la contratación electrónica y otras agendas estratégicas del Consejo de la Magistratura como parte de su transformación digital.

Gráfica 3.1. Sinergias entre la contratación electrónica y otras agendas estratégicas como parte de la transformación digital del Consejo de la Magistratura

Fuente: Elaborado por la OCDE.

En lo que respecta a la contratación pública, la adopción de tecnologías emergentes se centraliza en la SAGyP, concretamente en sus unidades que participan en la ejecución de los procesos y en la puesta a disposición de herramientas informáticas para su implementación, a saber, la DGCC y la DGIT.

En las conversaciones mantenidas durante la misión de investigación, la OCDE percibió que la coordinación y la comunicación entre las diferentes agendas digitales son lo suficientemente sólidas como para tender puentes, en general, pero se basan en métodos bastante ad hoc, lo que sugiere que podrían fortalecerse mediante medios más formales, por ejemplo, redes, comunidades de práctica, grupos de trabajo, mecanismos de revisión de proyectos, etc. Aunque la DGIT recibe información de los diferentes proyectos tecnológicos de las diversas áreas, esta información no siempre llega a todas las dependencias y, de hecho, la misma DGIT manifiesta haber encontrado duplicidades, por ejemplo, en el ámbito de los ministerios públicos. Como caso a considerar, existe una Red de Contratación Pública en el Poder Ejecutivo, que reúne a grandes compradores y unidades de contratación para intercambiar soluciones y buenas prácticas. En Chile, la coherencia entre los proyectos digitales y las operaciones de contratación se facilita mediante un mecanismo de revisión ex ante denominado EvalTIC (véase el Recuadro 3.2).

Recuadro 3.2. EVALTIC en Chile: Fomentar la coherencia entre los proyectos digitales y las operaciones de contratación pública

EvalTIC es un sistema diseñado e implementado por la Dirección de Presupuesto (DIPRES) en respuesta a la falta de estandarización detectada en las solicitudes recibidas de los organismos del sector público. Permite a los directores de informática institucionales (CIOs), los funcionarios de compras y otros responsables de toma de decisiones estratégicas registrar y justificar sus necesidades y proyectos tecnológicos a través de una plataforma en línea.

Esta herramienta ha mejorado las capacidades de evaluación y planificación de los organismos y los ha impulsado a adoptar prácticas que garanticen que sus necesidades cumplan con los estándares de EvalTIC y sean aptas para su aprobación inicial, lo que, en última instancia, permite una vía más ágil para obtener el presupuesto necesario.

Desde 2002, EvalTIC cuenta con el respaldo de la Ley de Presupuesto anual y permite el análisis de los proyectos de contratación de tecnologías con el objetivo de proporcionar información a la DIPRES para definir los presupuestos de cada organismo. El sistema también está considerando la posibilidad de proporcionar retroalimentación a cada organismo y evaluador.

EvalTIC está en funcionamiento desde 2018 y ha evolucionado gracias al trabajo conjunto de la DIPRES, el Ministerio de Hacienda y la División de Gobierno Digital, que elaboraron un proceso complementario a la formulación presupuestaria habitual para el diseño y la evaluación de proyectos tecnológicos, que culmina con una recomendación técnica a los responsables de la aprobación del presupuesto, en cuanto a su aprobación o rechazo.

A partir de un inventario inicial de sus activos tecnológicos a través de EvalTIC, cada organismo público debe registrar sus proyectos anualmente, teniendo en cuenta un conjunto de principios generales que permiten estandarizar los elementos del proyecto y facilitar el análisis, promoviendo la coherencia entre las agendas digital y de contrataciones.

Fuente: (OECD, 2024[2])

Otro conjunto importante de partes interesadas en la estructura de gobernanza de JUC son los usuarios que preparan sus solicitudes y requisitos de compra a través de archivos electrónicos. Este es el punto de partida de cualquier procedimiento de contratación pública y permite la comunicación entre los usuarios y la DGCC. La Dirección General de Asuntos Jurídicos (DGAJ) del Consejo de la Magistratura realiza un control ex ante de las convocatorias por medios electrónicos utilizando el SISTAE.

Más allá del Consejo de la Magistratura, otra parte interesada importante es la Dirección General de Compras (DGC) del Poder Ejecutivo del Gobierno de la Ciudad, que gestiona el sistema Buenos Aires Compra (BAC). La experiencia con BAC en el Poder Ejecutivo sentó las bases para transferir el sistema de contratación electrónica al Consejo de la Magistratura en forma de JUC (y también al gobierno nacional en forma del sistema de contratación electrónica COMPR.AR). El Consejo de la Magistratura evitó, o al menos acortó, la curva de aprendizaje para la implementación de JUC al aprovechar los avances logrados por BAC. El JUC es una "instancia" de BAC que opera de forma independiente en los servidores del Consejo de la Magistratura, lo que no implica una relación de subordinación o dependencia del CM con respecto a la DGC para el desarrollo del sistema, ya que no requiere la autorización de la DGC para realizar modificaciones o incorporar nuevos desarrollos y, al mismo tiempo, puede acceder a los desarrollos que la DGC implementa en BAC.

En cuanto al involucramiento de las partes interesadas externas con el fin de mejorar continuamente a JUC, la OCDE observó durante la misión de investigación que ha sido bastante limitado y más bien informal. Por ejemplo, se pide a los proveedores que contesten una encuesta de satisfacción cuando se les paga. Según la SAGyP, el 92 % de los proveedores están satisfechos con su experiencia con JUC. Durante una reunión con proveedores, estos expresaron que JUC es fácil de usar y ha contribuido significativamente a agilizar los procesos, pero también se mencionó que no existen canales formales para aportar ideas para la mejora continua de JUC. La misma oportunidad se destacó en una reunión con organizaciones de la sociedad civil (OSC). Aunque las OSC plantearon importantes oportunidades de mejora para JUC, como las dificultades para seguir los procesos de contratación pública a lo largo de todo su ciclo (es decir, desde la fase pre-licitatoria hasta la post-licitatoria) y la falta de datos históricos, afirmaron que no ha habido una convocatoria pública para involucrarlas en los planes de contratación electrónica del Consejo de la Magistratura. Países como Chile, Costa Rica y España han involucrado a diferentes partes interesadas en la contratación pública a través de observatorios (véase el Recuadro 3.3). Del mismo modo, durante 2018, México puso en marcha una estrategia multiactor para reformar su sistema de contratación electrónica CompraNet (véase el Recuadro 3.4).

Recuadro 3.3. El Observatorio de la Contratación Pública en España

La contratación pública representó más del 25 % del gasto público general en España en 2023. El marco normativo de la contratación pública ha sido objeto de varias reformas recientes para adaptarse a las directivas europeas y responder a las circunstancias económicas. En este contexto, en octubre de 2011 se fundó el Observatorio de la Contratación Pública. El Observatorio se define como un punto de encuentro para que profesionales de la contratación pública, académicos y otras partes interesadas debatan y analicen reformas del marco normativo y recomienden medidas para modernizar la contratación pública y promover los principios de eficiencia, integridad y buena gestión.

La idea del Observatorio surgió de un proyecto de investigación financiado por el Ministerio de Ciencia, Innovación y Universidades durante el periodo 2009-2011, denominado “Nuevos escenarios para la contratación pública: urbanismo, contratación electrónica y cooperación”. Estuvo dirigido por académicos de las universidades de Zaragoza, Castilla-La Mancha, Alcalá y Vigo, así como por la consultora NTT Data.

Entre otros temas, el Observatorio tiene como objetivo analizar y ofrecer recomendaciones sobre lo siguiente:

- Fomentar la transparencia, la competencia y la integridad en la contratación pública.
- Mejorar la eficiencia de los compradores públicos y los proveedores.
- Facilitar el acceso de las PYME al mercado público.
- Promover la innovación y el desarrollo a través de la contratación pública.
- Promover la participación de las empresas españolas en los mercados públicos de otros países.
- Fomentar la cooperación público-privada para mejorar la contratación pública.

Fuente: (OECD, 2025[3]) y (Observatorio de la Contratación Pública en España, n.d.[4]).

Recuadro 3.4. Involucramiento de las partes interesadas en la reforma de la contratación electrónica en México

En 2018, la Secretaría de la Función Pública (SFP) de México creó un grupo multiactor de partes interesadas para la reforma del sistema de contratación electrónica CompraNet. Este grupo incluía a representantes del sector público, las empresas y la sociedad civil, y trabajó en la elaboración de una declaración de visión compartida para la contratación electrónica en México. La declaración de visión también tenía por objeto orientar el desarrollo futuro de herramientas de contratación electrónica en México, incluso a nivel subnacional.

El Grupo de Trabajo Plural contó con la OCDE como secretaría técnica y estaba formado por seis subgrupos: publicación de información, interacción con proveedores, competencia y desarrollo de capacidades, eficiencia y eficacia, procesamiento de quejas y denuncias, e integridad y confianza en la herramienta. Cada subgrupo estaba representado por una amplia gama de partes interesadas, incluidos el sector público, la sociedad civil y las empresas, y trabajó en cuestiones y temas clave específicos (véase el Cuadro 3.1).

Cuadro 3.1. Subgrupos del Grupo de Trabajo Plural

Subgrupo	Cuestiones clave	Miembros	Temas abordados
1-Publicación de información	CompraNet divulga toda la información relevante para los usuarios	Periodistas, OSC, proveedores, Instituto Nacional de Transparencia, Acceso a la Información y Protección de Datos Personales (INAI) y empresas	Disponibilidad, accesibilidad, oportunidad, utilidad y precisión de la información
2-Interacción con proveedores	Optimización de las herramientas para involucrar a los proveedores a través de la contratación electrónica	Empresas (por ejemplo, cámaras de comercio)	Mejoras en la funcionalidad, transparencia, lucha contra la corrupción, estadísticas y profesionalización
3-Competencia y desarrollo de capacidades	Fomento del uso de medios electrónicos en todo el ciclo de contratación pública	Funcionarios públicos, contratistas y proveedores, y autoridad de competencia	Solidez de la plataforma, reducción de los costos de participación, reducción de los costos administrativos y límites al contacto directo entre los participantes
4-Eficiencia y eficacia	Soluciones y medidas alternativas para mejorar la plataforma	OSC	Análisis de la normativa aplicable, antecedentes de CompraNet, funcionamiento práctico de la plataforma, accesibilidad de los procesos y resultados
5-Procesamiento de quejas y denuncias	Tramitación de quejas centrada en generar confianza en el sector empresarial	Funcionarios públicos y empresas	Análisis del flujo de procesos actual, diagnóstico de opciones para mejorar el sistema de quejas de la SFP y propuesta de actualización tecnológica
6-Integridad y confianza en la herramienta	Identificación de acciones que aumenten la confianza en CompraNet, garantizando información precisa y oportuna	OSC	Integridad de la información en CompraNet, confianza en los procesos relacionados con CompraNet, mecanismos y acciones externos a CompraNet que afectan a su fiabilidad e integridad

El establecimiento del Grupo de Trabajo Plural fue fundamental para desarrollar una declaración de visión compartida para el sistema de contratación electrónica de México. En esta visión, el Grupo de Trabajo Plural reconoció las oportunidades que ofrecen las tecnologías digitales para habilitar un sistema totalmente transaccional que respalde el ciclo completo de la contratación pública. La declaración de visión articuló doce principios para capturar los objetivos y ambiciones de todas las partes interesadas involucradas en el proceso de contratación pública.

Nota: En 2025, el nombre de la SFP cambió a *Secretaría* Anticorrupción *y Buen Gobierno.*
Fuente: (OECD, 2018[5])

La Encuesta de la OCDE sobre Contratación Pública 2024 reveló que, aunque se ha promovido la participación de las partes interesadas en los países de la OCDE, la calidad de los procesos participativos en la contratación pública puede mejorar, por ejemplo, permitiendo que las autoridades contratantes reciban retroalimentación (OECD, 2025[6]) Cualquier esfuerzo por involucrar a los proveedores o a las OSC en la mejora de JUC se beneficiaría de buenas prácticas como proporcionar retroalimentación a los consultados sobre sus aportaciones (es decir, ¿cómo se incorporaron dichas aportaciones en los esfuerzos por mejorar a JUC?), los resultados de su participación y la justificación de las decisiones tomadas.

En este espíritu, la SAGyP podría establecer mecanismos para involucrar a un amplio conjunto de partes interesadas (por ejemplo, asociaciones empresariales y OSC) en la mejora continua de JUC. El Observatorio de la Contratación Pública en España y el Grupo de Trabajo Plural de México ofrecen alternativas. Además, cualquier esfuerzo por involucrar a estas partes interesadas se beneficiaría de un ciclo de retroalimentación para informarles sobre el estado y los resultados de sus contribuciones.

La base de la orientación al usuario radica en comprender sus necesidades a la hora de diseñar soluciones, como una plataforma de contratación electrónica, y también a lo largo de la implementación, de modo que la retroalimentación de los usuarios inspire una mejora continua. Algunas de las muchas formas de tomar retroalimentación son: (Thijs, 2022[7])

- Las encuestas a los usuarios, usualmente aplicadas de forma presencial o en línea, como una forma valiosa de recopilar grandes volúmenes de datos para su análisis. Pueden adoptar la forma de encuestas de satisfacción, pero también pueden utilizarse para aportar nuevas ideas sobre el diseño y los escenarios de ejecución.
- Grupos focales basados en pequeñas selecciones de usuarios existentes o potenciales, utilizando criterios predeterminados que pueden ser ampliamente representativos de todos los usuarios y de un tamaño manejable para mantener un debate significativo. Por lo general, se crean para recopilar información cualitativa con el fin de abordar sus necesidades y evaluar sus experiencias.
- Los paneles de usuarios, que están formados por grupos más grandes de personas que pueden ser seleccionadas para participar en investigaciones de usuarios de forma periódica, lo que reduce costos y ofrece continuidad.
- Procedimientos de comentarios y quejas basados en canales abiertos para facilitar la retroalimentación inmediata, a través de "buzones de sugerencias" en oficinas, centros de atención telefónica o sitios web para presentar inquietudes o sugerencias.

3.2. Un modelo de negocio de JUC que facilite el acceso

Como se destaca en la sección 3.1, JUC surgió de la transferencia de BAC desde el Poder Ejecutivo al Poder Judicial de la Ciudad de Buenos Aires. La Resolución CM Nº 6/2021 aprobó el acuerdo de cooperación técnica para la cesión gratuita de la licencia de uso de BAC a implementarse en el Consejo de la Magistratura, incluido el acceso a los catálogos de bienes y servicios y al registro de proveedores. La transferencia implicó adaptarse a algunas de las particularidades del Consejo de la Magistratura, así como eliminar algunas funcionalidades que BAC mantendrá y pondrá a disposición del Consejo de la Magistratura (por ejemplo, los contratos marco y el registro de proveedores se gestionan desde BAC y están disponibles para el Consejo de la Magistratura, pero no se replicaron en JUC). El proceso se organizó en cuatro etapas: nueva implementación del BAC, base de datos, aspecto y ajustes de flujo (véase el Cuadro 3.2).

Cuadro 3.2. Etapas del proceso de transferencia de BAC al Consejo de la Magistratura

Nivel 1	Nivel 2	Nivel 3
Implementación del sistema de contratación electrónica en el Consejo de la Magistratura	Nueva implementación del BAC	Portal web Notificaciones API Tareas programadas Servidor de archivos. rutas, configuración del entorno
	Base de datos	Eliminación de datos de transacciones de BAC Notificaciones API Envío de perfiles de correo electrónico Carga de estructuras Proveedores Catálogos
	Aspecto	Ajustes de estilo (colores, logotipos, etc.) Adaptación de plantillas y mensajes Marco legal, manuales, presentaciones
	Ajustes de flujo	Contratos marco eliminados Anexos de notificación Carga de información presupuestaria Integración de BAC Eliminación del requisito de declaración para los evaluadores de ofertas Eliminación del registro de proveedores

Fuente: Información proporcionada por el Consejo de la Magistratura de la Ciudad de Buenos Aires.

Como se ha comentado en la sección anterior, aunque la infraestructura de JUC cuenta con el apoyo de la DGIT, los desarrollos y actualizaciones del sistema pueden ser realizados por la Dirección General Unidad Informática de Administración Financiera (DGUIAF) del Poder Ejecutivo. Además de la ventaja de que el Consejo de la Magistratura acortó su curva de aprendizaje para la implementación y el uso de JUC, el hecho de confiar en la DGUIAF para los ajustes del sistema le permite aprovechar la experiencia de dicha unidad técnica, evitando los costos de contar con ese personal en su propia matriz organizacional. Esto también puede justificarse por el hecho de que los volúmenes y la complejidad de las contrataciones son significativamente mayores en el Poder Ejecutivo que en el Poder Judicial. Sin embargo, también significa que, si en algún momento el CM desea cambiar la estructura o el funcionamiento de JUC, podría tener que poner en práctica dichos cambios con la DGUIAF. En otras palabras, dado que cuenta con las herramientas técnicas necesarias, la DGUIAF es el vehículo para poner en práctica los cambios solicitados por el CM para JUC. Por lo tanto, es importante que exista una fuerte coordinación y comunicación entre el CM y la DGUIAF. En este momento, no parece haber motivos para separar completamente a JUC de BAC, pero es imprescindible una fuerte coordinación entre los dos equipos para identificar áreas de oportunidad y permitir la mejora continua de JUC. Esta coordinación será especialmente relevante a la hora de llevar a cabo la transferencia de las jurisdicciones ordinarias de competencia federal a la ciudad. Dicho esto, se está preparando un acuerdo entre el CM y el Poder Ejecutivo para que el CM obtenga el código fuente del sistema. Esto permitirá al CM gestionar directamente los futuros cambios en JUC, sin necesidad de solicitar la cooperación de la DGUIAF.

El uso de las plataformas de contratación electrónica es gratuito en algunos casos, pero existen diferentes modelos de negocio en los países de la OCDE (por ejemplo, tarifas para los proveedores, subvenciones de los gobiernos, híbridos, etc.). Por ejemplo, en Costa Rica, las instituciones contratantes que utilizan el Sistema Integrado de Compras Públicas (SICOP) pagan una tarifa por cada procedimiento, en función del número promedio de transacciones que realizan (la institución que realiza más transacciones paga menos por cada una, según una fórmula). Esto tiene la ventaja de que los ingresos recaudados pueden destinarse al mantenimiento y la mejora de la plataforma de contratación electrónica. Sin embargo, puede desalentar su uso en contextos en los que la contratación electrónica no es obligatoria.

El uso de JUC es gratuito para las unidades requirentes, los proveedores y cualquier otro usuario, aunque se cobra una tarifa por acceder a los pliegos de licitación, que, según un conjunto de proveedores consultados, es menor y no representa una barrera para la participación, pero podría suponer una carga administrativa. Por consiguiente, podría ser beneficioso que el acceso a los pliegos de licitación fuera gratuito.

El uso de JUC es obligatorio en el CM, con algunas excepciones explícitas y limitadas. Dado que los proveedores ya deben asumir un costo para acceder a los pliegos de licitación, no sería aconsejable cobrar por el uso de JUC, ya que podría desalentar la participación y limitar la competencia, lo que dificultaría la posibilidad de lograr valor por el dinero. En cuanto a la posibilidad de cobrar a las unidades requirentes del Consejo de la Magistratura, dado que las categorías adquiridas por la institución son muy específicas, no sería aconsejable, a menos que exista una necesidad muy concreta de financiar una reforma de JUC.

En el Capítulo 4 se analizarán las funcionalidades de JUC, pero en este momento basta con decir que el modelo de funcionamiento implica a las unidades requirentes y a la SAGyP, en particular a la DGCC y a la Unidad de Evaluación de Ofertas, en la definición de las especificaciones técnicas y la preparación de los documentos de licitación. Una vez publicada la convocatoria a licitación, los proveedores presentan sus ofertas e interactúan con las autoridades contratantes.

3.3. Desarrollar las capacidades de contratación electrónica en el Consejo de la Magistratura

Además de un sistema de gobernanza robusto y tecnologías modernas, la transformación digital de la contratación pública requiere una plantilla calificada. De hecho, en la Recomendación de la OCDE sobre Contratación Pública (véase el Recuadro 3.5) se reconoce que una fuerza de trabajo profesional en el ámbito de la contratación pública es un factor que contribuye al buen funcionamiento del sistema. Además, la escasa capacitación digital es uno de los principales retos para la transformación digital de la contratación pública en los países de la OCDE (OECD, 2025[8])

El equipo encargado de la gestión directa del JUC está compuesto por entre 10 y 15 funcionarios en cualquier momento dado. El Consejo de la Magistratura cuenta con varios programas de capacitación para el personal que forma parte de los equipos más amplios de contratación y adquisiciones, tanto en el Centro de Formación Judicial como a través de acuerdos con universidades, como los firmados con la Universidad Austral en 2021 y con la Universidad Católica Argentina en octubre de 2025. Asimismo, el personal de contrataciones participa en un congreso anual sobre el tema, organizado por el Consejo de la Magistratura, para debatir las buenas prácticas nacionales e internacionales. Más allá de estas acciones de formación, el CM no cuenta actualmente con una política integral de profesionalización para su personal de contrataciones con el fin de fortalecer sus competencias en materia de contratación electrónica. Esto a pesar de que Buenos Aires es pionera entre los poderes judiciales subnacionales argentinos en la adopción de la contratación electrónica. La profesionalización es aún más necesaria si se tiene en cuenta que el Consejo de la Magistratura ha reconocido el carácter estratégico de la contratación pública, por ejemplo, aprovechándola para desarrollar a las PYME.

La experiencia de los países de la OCDE ilustra que las estrategias de profesionalización pueden incluir varias dimensiones, como el desarrollo de un modelo de competencias, el establecimiento de un marco de certificación, el reconocimiento de la profesión de contratación pública como una función independiente dentro del servicio público, el fortalecimiento de los sistemas de desarrollo de capacidades y la creación de mecanismos de incentivo para atraer y retener a funcionarios públicos competentes en materia de contratación pública.

Más de la mitad de los participantes en la Encuesta de la OCDE sobre Contratación Pública 2024 (22 de 40 países, es decir, el 55%) indicaron que contaban con un modelo de competencias para los funcionarios de contratación pública. Los modelos de competencias permiten a los funcionarios encargados de las contrataciones identificar las habilidades fundamentales y evaluar los niveles de capacidad necesarios para la dirección estratégica general de una organización. Pueden utilizarse para el reclutamiento, la promoción y la formación en las habilidades y competencias pertinentes para el personal encargado de la contratación pública. La mayoría de los encuestados que cuentan con un modelo de competencias (18 de 22, es decir, el 82%) lo han elaborado a nivel nacional o central, mientras que cuatro encuestados (Alemania, Australia, Austria y los Países Bajos) indicaron que el modelo de competencias había sido creado por determinadas entidades (por ejemplo, autoridades contratantes u órganos centralizados de contratación). En 2020, solo el 41% de los encuestados informó que contaba con un modelo de competencias específico para los funcionarios de contratación pública. (OECD, 2025[6])

Recuadro 3.5. El principio de capacidad en la Recomendación de la OCDE sobre Contratación Pública

La Recomendación sugiere a los adherentes que dispongan de un personal dedicado a la contratación pública con capacidad de aportar en todo momento, de manera eficaz y eficiente, la debida rentabilidad en este ámbito. Para ello, los adherentes deben:

i. Asegurarse de que los profesionales de la contratación pública tienen un alto nivel de integridad, capacitación teórica y aptitud, para lo que les proporcionan herramientas específicas y periódicamente actualizadas, disponiendo, por ejemplo, de empleados suficientes en número y con las capacidades adecuadas, reconociendo la contratación pública como una profesión en sí misma, proporcionando formación periódica y las oportunas certificaciones, estableciendo normas de integridad para los profesionales de la contratación pública y disponiendo de una unidad o equipo que analice la información en materia de contratación pública y realice un seguimiento del desempeño del sistema.

ii. Ofrecer a los profesionales de la contratación pública un sistema de carrera atractivo, competitivo y basado en el mérito, estableciendo vías de ascenso según méritos claros, brindando protección frente a las injerencias políticas en el procedimiento de contratación pública, y promoviendo en las esferas nacional e internacional las buenas prácticas para los sistemas de carrera profesional al objeto de mejorar el rendimiento de estos empleados.

iii. Fomentar la adopción de enfoques colaborativos con entidades como universidades, *think tanks* o centros de políticas a fin de mejorar las capacidades y competencias del personal de contratación pública. Deberá hacerse uso de la especialización y la experiencia pedagógica de estos centros del saber, en cuanto son herramientas valiosas que amplían los conocimientos en esta materia y establecen un canal bidireccional entre teoría y práctica capaz de impulsar la innovación en los sistemas de contratación pública.

Nota: La Recomendación de la OCDE sobre Contratación Pública de 2015 se encuentra actualmente en revisión.
Fuente: (OECD, 2015[9])

El creciente número de países de la OCDE que están desarrollando un modelo de competencias ilustra el valor de esta herramienta. Por ejemplo, tras una cooperación con la OCDE, Chile puso en marcha en 2021 un proceso para introducir mejoras en la certificación de sus funcionarios de contratación pública. El proceso culminó con un nuevo programa de capacitación en varias competencias, entre ellas el uso y las funcionalidades del sistema de contratación electrónica Mercado Público, que forma parte del plan de estudios básico (nivel 1 de 3). Del mismo modo, ProcurCompEU, el marco europeo de competencias para los profesionales de la contratación pública, incluye entre las 30 competencias enumeradas en su matriz de competencias a la "contratación electrónica y otras herramientas informáticas", como parte de las competencias técnicas transversales que deben dominar los funcionarios encargados de la contratación pública (véase el Recuadro 3.6).

Dada la naturaleza estratégica que se reconoce a la contratación pública en el CM, elevar la profesión sería una iniciativa fundamental por poner en marcha. Se podrían adoptar varias medidas con este fin. Un marco de competencias podría ser la primera herramienta por desarrollar para impulsar una estrategia de profesionalización del personal dedicado a la contratación pública del Consejo de la Magistratura. Este marco serviría de base para realizar un análisis de brechas en el conjunto de competencias que se requieren del personal encargado de la contratación pública y, a partir de los resultados, desarrollar un plan de capacitación que subsane esas brechas y fortalezca las competencias que lo necesitan. En lo que respecta a la contratación electrónica, permitiría al Consejo de la Magistratura evaluar las capacidades correspondientes y desarrollarlas donde fuera necesario. Por ejemplo, la OCDE colaboró con Lituania para utilizar los resultados de la encuesta de autoevaluación ProcurCompEU con el fin de identificar brechas de capacidades y definir las prioridades de capacitación. Del mismo modo, la OCDE aplicó una encuesta de autoevaluación para identificar las competencias que necesitaban apoyo en la función fiduciaria del Banco Interamericano de Desarrollo (BID) (véase el Recuadro 3.7).

Recuadro 3.6. La competencia "contratación electrónica y otras herramientas informáticas" en la matriz de competencias de ProcurCompEU

Descripción

La contratación pública electrónica y otros sistemas y herramientas informáticos favorecen el ciclo de vida de la contratación, desde la publicación de las licitaciones hasta el pago final. Reducen la carga administrativa, mejoran la eficiencia y refuerzan la transparencia y la obligación de rendir cuentas de los procedimientos de contratación. Las principales herramientas son:

- Herramientas de la fase preparatoria, por ejemplo, TED y las plataformas nacionales de contratación, la notificación electrónica, los modelos y los pliegos de contratación normalizados.
- Herramientas de la fase de presentación, por ejemplo, la presentación electrónica, el documento europeo único de contratación, la base de datos de certificados en línea (e-Certis).
- Herramientas de la fase de licitación, por ejemplo, catálogos electrónicos, plataformas de contratación electrónica, sistemas dinámicos de adquisición, sistemas de subasta y facturación electrónica.
- Otras herramientas informáticas para la transparencia de los datos, la lucha contra el fraude y la corrupción, como los registros de empresas y de contratos públicos.

La transformación digital de la contratación pública requiere un enfoque proactivo continuo para aprovechar las mejores herramientas disponibles. También requiere una formación continua.

CONOCIMIENTO SOBRE: las plataformas y las funcionalidades de la contratación electrónica utilizadas en la organización, incluidos los sistemas de contratación nacionales y de la UE, así como otros sistemas y herramientas informáticos pertinentes.

Nivel básico

Puede:

- Realizar operaciones básicas utilizando los sistemas y las herramientas de contratación disponibles, como cargar datos.
- Recopilar y centralizar los modelos de documentos necesarios para preparar el pliego de contratación.

Nivel intermedio

Puede:

- Utilizar los sistemas y las herramientas disponibles para apoyar los procedimientos de contratación y realizar los principales procedimientos de contratación electrónica.
- Utilizar modelos de documentos, la plataforma nacional de contratación electrónica y los registros de contratos públicos.
- Utilizar los sistemas y las herramientas de contratación pertinentes para garantizar la transparencia del proceso de contratación.
- Utilizar los datos disponibles en los sistemas para evaluar el riesgo de prácticas de los proveedores contrarias a la competencia (como la colusión).

Nivel avanzado

Puede:

Utilizar una amplia variedad de sistemas y herramientas de contratación.

- Analizar los datos de las contrataciones para hacer el seguimiento del presupuesto y prever las próximas contrataciones.
- Identificar las ineficiencias en el uso de los sistemas y herramientas de la organización y hacer sugerencias para mejorarlos.
- Velar por que todos los usuarios tengan la formación y el acceso adecuados y actuar como agentes de gestión del cambio durante la puesta en marcha de una herramienta o un sistema recientemente adoptados.

Nivel experto

Puede:

- Promover sistemas y herramientas de contratación y fomentar una cultura de profesionalización dentro de la organización.
- Utilizar los datos de las contrataciones para identificar tendencias y mejorar los procedimientos de contratación de la organización.
- Contribuir a la introducción y el desarrollo de nuevos sistemas y herramientas de contratación, o a la mejora de los ya existentes, así como abogar en el plano político a favor de la adopción de los sistemas y herramientas disponibles más novedosos.
- Participar en grupos de trabajo de expertos que tengan por objeto desarrollar y fomentar la adopción de los sistemas y las herramientas de contratación a escala nacional e internacional.

Fuente: (Comisión Europea, 2020[10]).

Recuadro 3.7. Utilización de una matriz de competencias para identificar brechas y orientar el desarrollo de capacidades de los funcionarios de contratación pública

Banco Interamericano de Desarrollo (BID)

En 2023, el BID firmó un acuerdo de cooperación con la OCDE para revisar la estrategia de profesionalización de su función fiduciaria (funcionarios de contratación pública y análisis financiero). La primera etapa del proyecto consistió en desarrollar una matriz de competencias para cada rama de la función fiduciaria. En un proceso incluyente y altamente iterativo que duró varios meses y en el que participaron funcionarios de contratación pública y de análisis financiero, la OCDE diseñó una matriz de competencias para cada función, incluyendo tanto competencias técnicas como blandas. A partir de esas matrices, el segundo paso consistió en identificar brechas de capacidades mediante la aplicación de encuestas de autoevaluación para cada función. Los resultados permitieron identificar las competencias más débiles y aquellas que, en opinión de los funcionarios del BID, necesitaban más apoyo para el desarrollo de capacidades.

Lituania

En un proyecto para apoyar la buena gobernanza de la contratación pública en Lituania y desarrollar capacidades, la OCDE aprovechó la encuesta ProcurCompEU y adaptó el cuestionario estandarizado al contexto lituano. Se aplicó a 99 funcionarios de contratación pública de seis órganos centralizados de contratación de Lituania. La OCDE organizó un seminario web para presentar la encuesta el 13 de abril de 2022 con el fin de explicar a los participantes el objetivo y la estructura del ejercicio. La encuesta se cerró el 18 de mayo de 2022.

La OCDE compartió las principales conclusiones del análisis de los resultados agregados de la autoevaluación durante talleres con los funcionarios lituanos. La puntuación promedio total de las 30 competencias analizadas fue de 2.04. La puntuación promedio total de las 19 competencias específicas de la contratación pública fue de 2.05, mientras que la de las 11 competencias blandas fue de 2.02. El ejercicio identificó la C6 (Contratación pública innovadora) como la competencia más débil de los participantes, con la puntuación promedio más baja, 1.14, seguida de la C17 (Certificación y pago) y la C30 (Gestión de riesgos y control interno).

Además del ejercicio de autoevaluación, se pidió a todos los participantes que seleccionaran tres competencias que requirieran más asistencia metodológica. La C5 (Contratación sustentable) fue la más seleccionada como competencia prioritaria que requiere asistencia metodológica, seguida de la C6 (Contratación pública innovadora), la C15 (Evaluación de ofertas) y la C14 (Documentos de licitación). Estos resultados debían ser tenidos en cuenta por Lituania para diseñar cursos de formación a la medida para las competencias identificadas como prioritarias.

Fuente: (OECD, 2024[11])

En una fase posterior, el Consejo de la Magistratura también podría considerar la posibilidad de certificar las competencias de los funcionarios encargados de la contratación pública, incluidas las habilidades para gestionar la contratación electrónica. Entre los participantes de la Encuesta de la OCDE sobre Contratación Pública 2024, el 38% afirmó disponer de un marco de certificación para reconocer la contratación pública como una disciplina profesional independiente dentro del sector público, lo que pone de relieve que esta práctica aún no es tan habitual como el contar con una matriz de competencias. (OECD, 2025[6])

Aun así, las cifras de la encuesta indican un notable aumento con respecto a 2018, cuando solo el 19% de los encuestados afirmó disponer de marcos de certificación, lo que sugiere una tendencia emergente hacia el establecimiento de marcos para garantizar que los funcionarios encargados de las contrataciones posean los conocimientos y habilidades necesarios para desempeñar eficazmente sus funciones (véase la Gráfica 3.2). Además, el 55% de los encuestados (22 de 40) indicaron que se está desarrollando o considerando un marco de certificación. En el 87% de los encuestados con un marco de certificación activo, el certificado se puede obtener tras aprobar un examen. Otros requisitos pueden incluir la realización de una capacitación obligatoria, una experiencia profesional pertinente o un título académico. No obstante, solo cuatro encuestados afirmaron que la obtención del certificado es obligatoria para desempeñar cualquier función de contratación pública. (OECD, 2025[6]) Por ejemplo, en Chile, el sistema de certificación incluye una competencia sobre "Plataforma Mercado Público: uso y funcionalidades" en su nivel básico.

Gráfica 3.2. Prevalencia del modelo de competencias y el marco de certificación para los funcionarios de contratación pública, 2018 y 2024

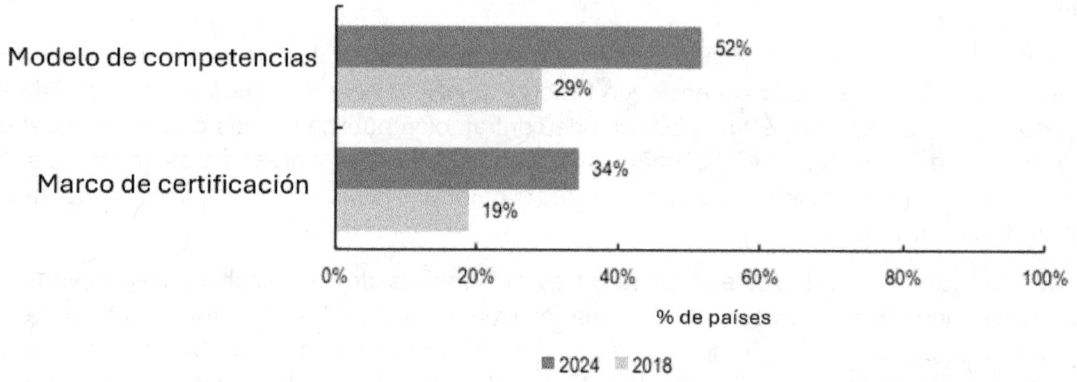

Nota: Los datos del modelo de competencias se muestran para 31 encuestados con datos disponibles tanto para 2018 como para 2024, y para el marco de certificación, para 32 encuestados.
Fuente: (OECD, 2025[6])

Por último, además de una matriz de competencias y un marco de certificación para profesionalizar la plantilla dedicada a la contratación electrónica, valdría la pena aplicar medidas para que estos puestos resulten atractivos a fin de atraer y retener el talento. De hecho, motivar a los funcionarios encargados de la contratación pública es fundamental no solo para mantener un alto desempeño y productividad, sino también para atraer a profesionales calificados, pero en la mayoría de los participantes de la Encuesta de la OCDE sobre Contratación Pública 2024, la contratación sigue estando mal remunerada en comparación con otras áreas de trabajo de la función pública. Cabe destacar que solo el 15% de los encuestados afirmó ofrecer salarios competitivos, que son fundamentales para que la contratación pública sea una opción profesional atractiva y competitiva, dada la complejidad y los riesgos que conlleva la profesión. Los mecanismos de incentivo también podrían desempeñar un papel importante en la motivación de los funcionarios públicos. Dichos incentivos pueden adoptar la forma de recompensas económicas (por ejemplo, bonificaciones basadas en el desempeño) o reconocimientos no económicos (por ejemplo, desarrollo profesional, incluyendo cursos de capacitación y certificación, sistemas de gestión del desempeño, sistemas de premios, beneficios para el personal, como condiciones de trabajo flexibles o vacaciones). Si bien aproximadamente la mitad de los encuestados (21 de 40, es decir, el 53%) aplican incentivos para motivar a los funcionarios de contratación pública, estos son en su mayoría no económicos. Los tres incentivos más utilizados entre los encuestados son redes profesionales (33%), prestaciones para el personal (25%) y trayectorias claras de progresión profesional (20%). (OECD, 2025[6])

3.4. Propuestas de acción

- El Consejo de la Magistratura podría crear un grupo de trabajo o un comité intersecretarial como mecanismo formal de coordinación para garantizar la coherencia entre todos los esfuerzos de transformación digital del Consejo, incluyendo entre las reformas de la contratación electrónica y las relacionadas con gobierno abierto, integridad y presupuestación, entre otras. El Consejo de la Magistratura podría considerar, por ejemplo, la creación de un foro de contratación pública centrado en lo digital. Esto podría incluir, por ejemplo, la creación de un grupo de trabajo o de dirección sobre transformación digital presidido por la SAGyP e integrado por representantes de la DGIT, la DGCGyAI, la Dirección General de Datos Abiertos, la Secretaría de Innovación y otras partes interesadas clave, que informaría periódicamente al Plenario del Consejo de la Magistratura para garantizar un alto nivel de aceptación y alineación con las prioridades generales del Consejo.
- La SAGyP podría establecer mecanismos para involucrar a un amplio conjunto de partes interesadas (por ejemplo, asociaciones empresariales y OSC) en la mejora continua de JUC. El Observatorio de la Contratación Pública en España y el Grupo de Trabajo Plural de México ofrecen alternativas. Además, cualquier esfuerzo por involucrar a estas partes interesadas se beneficiaría de un circuito de retroalimentación para informarles sobre el estado y los resultados de sus contribuciones. Otros medios para involucrar a las partes interesadas y recabar retroalimentación con vistas a la mejora continua podrían ser encuestas a los usuarios, grupos focales, paneles de usuarios y procedimientos para comentarios y quejas.
- Aunque JUC no cobra tarifa alguna a sus usuarios, el acceso a los pliegos de licitación para la contratación de bienes y servicios sí tiene un coste para los oferentes, lo que puede suponer cargas administrativas. Dado que los ingresos recaudados por esta práctica no son relevantes desde el punto de vista presupuestario, el CM podría considerar la posibilidad de que el acceso a los pliegos sea gratuito y lo más abierto posible, a través de JUC.
- La SAGyP podría poner en marcha iniciativas para profesionalizar al personal que participa en la contratación electrónica y desarrollar competencias digitales, comenzando por elaborar una matriz de competencias que defina las competencias digitales necesarias y sirva de base para un análisis de brechas. En una fase posterior, se podría diseñar un plan de capacitación para desarrollar las competencias digitales que necesitan reforzarse. En una fase más avanzada, la SAGyP podría incluso considerar el desarrollo de un marco de certificación basado en buenas prácticas como ProcurCompEU y ChileCompra.
- La SAGyP podría desarrollar un sistema de incentivos para el personal de contratación electrónica con el fin de hacer atractivos los puestos correspondientes y retener el talento. Aunque la rotación de personal es baja entre el personal de contratación del Consejo de la Magistratura, se les podrían ofrecer incentivos no económicos, como oportunidades de formación y premios.

Referencias

Comisión Europea (2020), *ProcurCompEU – Marco europeo de competencias para los profesionales de la contratación pública*, https://commission.europa.eu/funding-tenders/tools-public-buyers/professionalisation-public-buyers/procurcompeu-european-competency-fra. [10]

Observatorio de la Contratación Pública en España (n.d.), *Sitio web*, https://obcp.es/. [4]

OECD (2025), *Digital transformation of public procurement: Good practice report*, OECD Publishing, https://doi.org/10.1787/79651651-en. [8]

OECD (2025), *Government at a Glance 2025*, OECD Publishing, Paris, https://doi.org/10.1787/0efd0bcd-en. [3]

OECD (2025), *Implementing the OECD Recommendation on Public Procurement in OECD and Partner Countries: 2020-2024 Report*, OECD Public Governance Reviews, OECD Publishing, Paris, https://doi.org/10.1787/02a46a58-en. [6]

OECD (2024), *Buenas prácticas para la compra pública de computadoras personales y portátiles en América Latina: Promoviendo la neutralidad y la interacción con el mercado*, Estudios de la OCDE sobre Gobernanza Pública, OECD Publishing, Paris, https://doi.org/10.1787/4c4022ac-es. [2]

OECD (2024), *Public Procurement in Lithuania: Increasing Efficiency through Centralisation and Professionalisation*, OECD Public Governance Reviews, OECD Publishing, Paris, https://doi.org/10.1787/aa1b196c-en. [11]

OECD (2024), *The Digital Transformation of Public Procurement in Ireland: A Report on the Current State*, OECD Public Governance Reviews, OECD Publishing, Paris, https://doi.org/10.1787/87912457-en. [1]

OECD (2018), *Estudio del Sistema Electrónico de Contratación Pública de México: Rediseñando CompraNet de manera incluyente*, Estudios de la OCDE sobre Gobernanza Pública, OECD Publishing, Paris, https://doi.org/10.1787/9789264287938-es. [5]

OECD (2015), *Recomendación del Consejo sobre Contratación Pública,*, https://legalinstruments.oecd.org/en/instruments/OECD-LEGAL-0411. [9]

Thijs, N. (2022), *Service design and delivery in the European Neighbourhood Policy East region: A comparative report on designing and delivering administrative services in Armenia, Azerbaijan, Georgia, Moldova and Ukraine*, OECD Publishing, https://doi.org/10.1787/c6debcce-en. [7]

4 Funcionalidades del sistema de contratación electrónica JUC

Este capítulo analiza las funcionalidades del sistema de contratación electrónica JUC (Justicia Compra) y su alcance en las distintas etapas del ciclo de contratación pública. Examina la integración de JUC con otros sistemas digitales del Consejo de la Magistratura, como los de gestión presupuestaria y administrativa, y cómo dicha integración podría ayudar a JUC a ofrecer una visión integral del ciclo de contratación pública y facilitar la comunicación con la comunidad de proveedores. Finalmente, el capítulo analiza cómo el Consejo de la Magistratura puede aprovechar la contratación electrónica para impulsar objetivos estratégicos de política pública relacionados con la sustentabilidad ambiental y social, considerados prioritarios.

4.1. Ampliar la cobertura del ciclo de contratación pública en JUC

El uso de los sistemas de contratación electrónica está muy extendido en los países de la OCDE, pero sus funcionalidades y alcance pueden variar. Como muestra la investigación de la OCDE, el uso de la mayoría de las funcionalidades de la contratación electrónica ha aumentado, al menos desde 2018. Esto es especialmente cierto en la fase post-licitatoria, por ejemplo, en forma de catálogos en línea, presentación electrónica de facturas y administración de contratos. Además, la publicación de registros de proveedores se ha convertido en una función más popular de los sistemas de contratación electrónica. Todos los países de la OCDE aprovechan otras funciones más básicas, como el anuncio de licitaciones, la difusión de documentos de contratación y la notificación de adjudicaciones de contratos. Por el contrario, otras funciones se han mantenido estables, como la publicación de planes de contratación (véase la Gráfica 4.1). (OECD, 2025[1])

Gráfica 4.1. Funcionalidades de los sistemas nacionales de contratación electrónica, 2018 y 2024

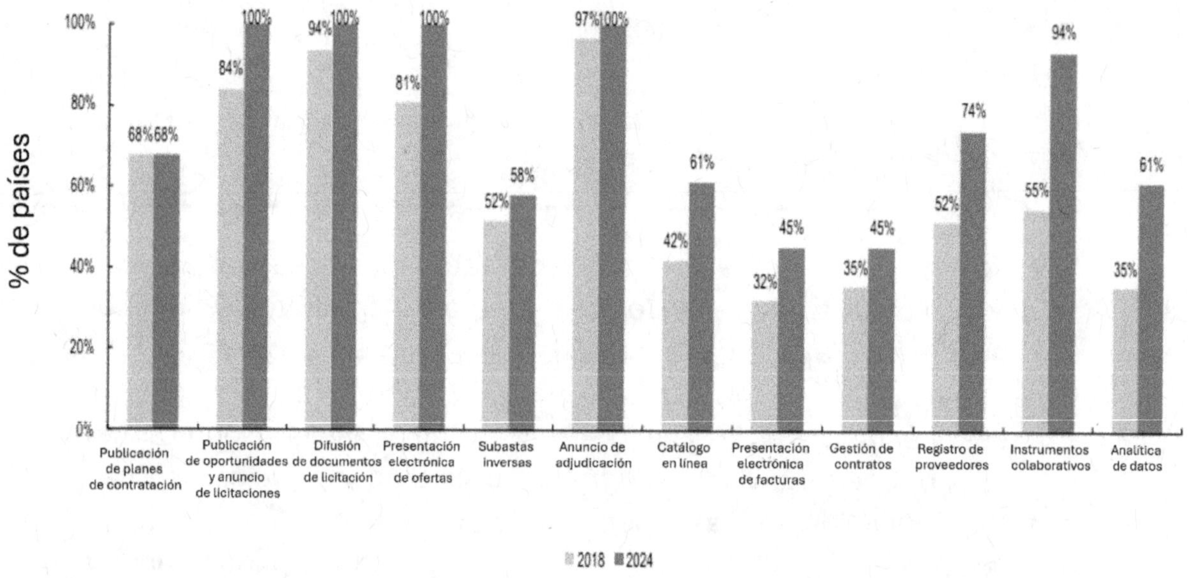

Nota: Se muestran los datos de 2018 y 2024 de los 31 encuestados que respondieron a ambas ediciones de la Encuesta de la OCDE sobre Contratación Pública.
Fuente: (OECD, 2025[1])

Aunque todavía es una aspiración en la mayoría de los países de la OCDE, el objetivo final es adoptar un enfoque de punta a punta, lo que implica incorporar todo el ciclo de la contratación pública en las capacidades transaccionales de los sistemas de contratación electrónica. Esto conlleva varias ventajas: (OECD, 2025[2])

- Mayor eficiencia: Integrar diversas funciones, como la licitación, la adjudicación y el pago, en una única plataforma digital y/o garantizar su interoperabilidad para reducir cargas administrativas, eliminar tareas redundantes y minimizar los tiempos de tramitación de las contrataciones.
- Transparencia y rendición de cuentas: Los enfoques de punta a punta permiten realizar un seguimiento de las actividades de contratación de principio a fin y establecer vínculos entre la contratación pública y los resultados generales del gasto público.

- Acceso a oportunidades de contratación pública: Mejorar la experiencia del usuario para los oferentes facilita la participación, aumenta la competencia, promueve el acceso a los contratos públicos y permite obtener valor por el dinero.
- Seguimiento y evaluación: Los enfoques integrados permiten transferir fácilmente datos de las distintas partes interesadas en la contratación pública para respaldar un sistema integral de seguimiento y medición del desempeño.
- Gestión de riesgos: Al integrar las herramientas de evaluación de riesgos con los sistemas de gestión de contratos, se pueden supervisar de cerca los riesgos potenciales, como el incumplimiento de las normas por parte de los proveedores o la inestabilidad financiera, lo que permite identificarlos de forma temprana para tomar medidas preventivas y mitigar posibles perturbaciones.

La aplicación de un enfoque de ciclo completo ayuda a gestionar el proceso de contratación pública como un sistema integrado y sin fisuras, en lugar de como una serie de etapas aisladas. Esta práctica mejora la eficiencia y la armonización en todas las fases del ciclo de la contratación pública, desde la evaluación de necesidades y la planificación hasta la redacción y publicación de los pliegos de licitación, la presentación de ofertas, la gestión de contratos y el pago. Esta perspectiva permite que la contratación electrónica vaya más allá de la mejora de los procesos para impulsar la innovación y crear un nuevo valor agregado para las diferentes partes interesadas, entre las que se incluyen, por ejemplo, autoridades contratantes, oferentes, entidades de supervisión, organizaciones de la sociedad civil, autoridades de competencia y órganos de control y auditoría, entre otros.

Gráfica 4 2. Enfoque del ciclo de vida completo de la contratación electrónica

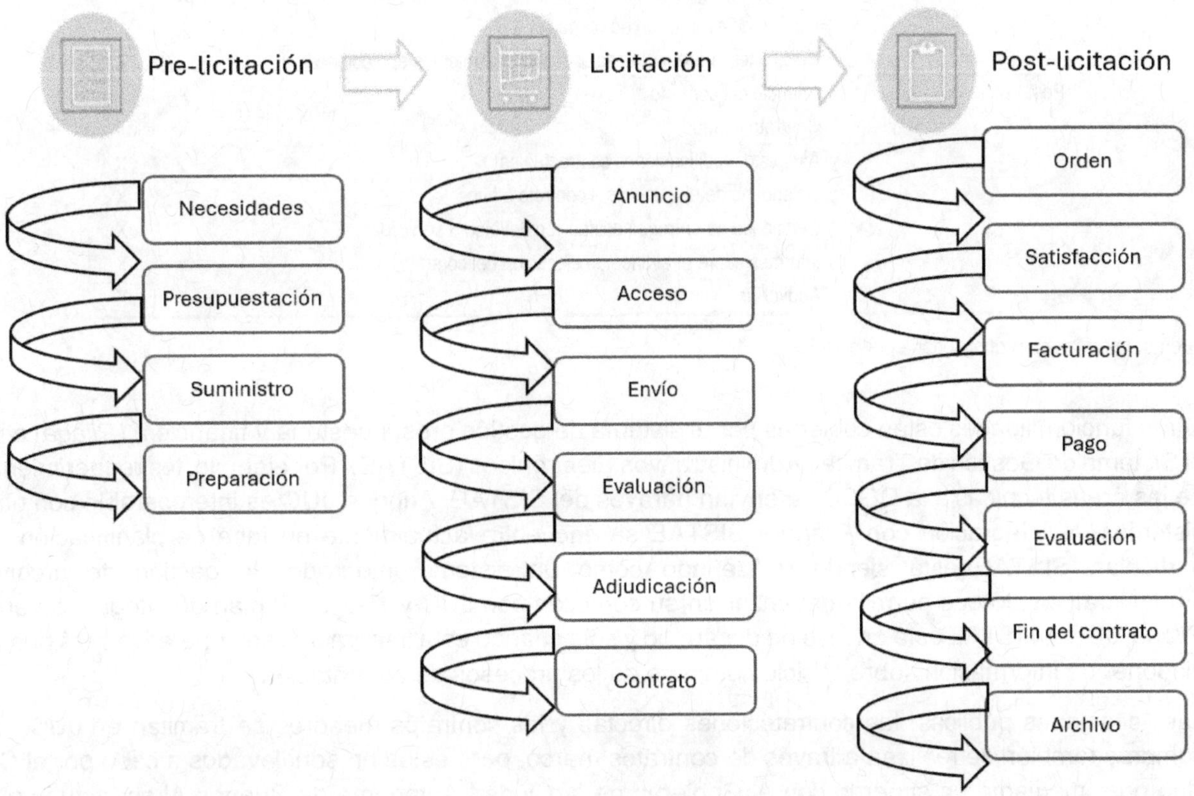

Fuente: (OECD Publishing, 2025[3])

La experiencia de los países de la OCDE indica que algunos de los retos más comunes para lograr esta funcionalidad de punta a punta en los sistemas de contratación electrónica son los siguientes:

- Falta de visión estratégica, falta de claridad en los mecanismos de gobernanza y silos institucionales y operativos.
- Una comprensión limitada de las necesidades de los usuarios.
- Resistencia al cambio.
- Limitaciones técnicas y/o jurídicas para el intercambio de datos.

En el caso del CM, el sistema JUC cuenta con una serie de funcionalidades que cubren de forma bastante completa la fase licitatoria. No ocurre lo mismo con las fases pre- y post-licitatorias, como se puede observar en el siguiente cuadro.

Cuadro 4.1. Funcionalidades del JUC

Etapa	Funcionalidad	Sí	No
Pre-licitación	Planes de contratación (anuales, etc.)		X
	Disponibilidad presupuestaria		X
	Solicitudes de información a los proveedores (RFI)		X
Licitación	Convocatoria de licitaciones o documentos/condiciones de licitación	X	
	Documentos de licitación	X	
	Especificaciones técnicas	X	
	Criterios de selección/calificación	X	
	Criterios de evaluación	X	
	Aclaraciones a las preguntas de los oferentes	X	
	Anuncio de adjudicación	X	
	Informe de evaluación de ofertas	X	
	Decisiones sobre reclamaciones/incumplimientos/apelaciones		X
Post-licitación	Anuncio del contrato	X	
	Contrato firmado	X	
	Ajustes o modificaciones contractuales		X
	Calendario de ejecución del contrato e hitos		X
	Certificado de entrega/satisfacción del bien o servicio		X
	Informes sobre el avance de ejecución del contrato		X
	Auditorías		X

Fuente: Información proporcionada por el CM.

Otras funcionalidades están cubiertas por el sistema de gestión presupuestaria y financiera (*Pilagá*) o por el Sistema de Gestión de Trámites Administrativos Electrónicos (SISTAE). Por ejemplo, los requerimientos de las áreas técnicas a la DGCC se envían a través del SISTAE. Aunque JUC es interoperable con otros sistemas, la integración con *Pilagá* y SISTAE se encuentra actualmente en fase de planificación. En particular, SISTAE está siendo rediseñado como un sistema integrado de gestión de archivos administrativos, lo que permitirá avanzar en su conexión con JUC y *Pilagá*. El plan de integración entre *Pilagá*, JUC y SISTAE está en fase de desarrollo y solo cuando esta integración sea operativa será posible disponer de información sobre el ciclo completo de los procesos de contratación.

Las licitaciones públicas, las contrataciones directas y los contratos menores se tramitan en JUC. Las compras también se realizan a través de contratos marco, pero estos no son llevados a cabo por el CM, sino que, mediante un acuerdo con el Gobierno de la Ciudad Autónoma de Buenos Aires, actúa como entidad compradora en los contratos marco llevados a cabo por la Dirección General de Compras (DGC) del GCABA.

Para registrar a los oferentes que participan en los procesos de contratación de JUC, el CM utiliza el Registro Informatizado Único y Permanente de Proveedores (RIUPP) de BAC. Esta decisión tiene sentido, dado que el RIUPP es un registro que se utiliza desde hace muchos años, cuenta con 11 000 empresas registradas, de las cuales el 65% son pequeñas o medianas, y registra todas las certificaciones y sellos (de calidad, medioambientales y sociales, entre otros) que estas empresas han obtenido. El hecho de que la mayoría de los proveedores del CM también sean proveedores del GCABA es otra razón más para utilizar el RIUPP.

El problema es que el RIUPP no está integrado con JUC, sino que la base de datos del RIUPP se replica manualmente en JUC cada 10 días, lo que crea un alto riesgo de inconsistencia de datos entre los diferentes sistemas. Actualmente, la DGIT está desarrollando una aplicación para que esta actualización sea automática, pero aún no hay una fecha límite para su implementación.

A la luz de las conclusiones anteriores, la SAGyP debería aspirar a ampliar gradualmente las funcionalidades transaccionales de JUC, principalmente a las etapas pre- y post-licitatorias, incluyendo funciones como la publicación de planes anuales de contratación, la verificación de la disponibilidad presupuestal, la realización de modificaciones contractuales y la compilación de informes de avance sobre la ejecución de los contratos. Estas nuevas funcionalidades permitirían a JUC convertirse en una solución de punta a punta más completa y promover la transparencia y la eficiencia en las actividades de contratación del CM.

4.2. Avanzar en la integración con otras funciones públicas

La integración de los sistemas de contratación electrónica con otras plataformas gubernamentales digitales va de la mano con un enfoque de punta a punta. Uno de los principios de la Recomendación de la OCDE sobre Contratación Pública es aprovechar la eficiencia mediante sistemas de contratación pública más integrados (véase el Recuadro 4.1).

Recuadro 4.1. El principio de integración en la Recomendación de la OCDE sobre contratación pública

La Recomendación insta a los adherentes a que favorezcan la integración de la contratación pública en la gestión de las finanzas públicas en general, la presupuestación y los procesos de prestación de servicios. Con este fin, los adherentes deberán:

i. Racionalizar el gasto de la contratación pública combinando los procedimientos de contratación con la gestión de las finanzas públicas para mejorar el conocimiento sobre el gasto que se dedica a la contratación pública, incluidos los costos de administración conexos. Esta información puede utilizarse para mejorar la gestión de la contratación pública, reducir duplicidades y entregar bienes y servicios con mayor eficiencia. Los compromisos presupuestarios deberán formularse de un modo que desincentive la fragmentación y propicie el uso de técnicas eficientes de contratación pública.

ii. Fomentar la presupuestación y financiación plurianuales para optimizar el diseño y la planificación del ciclo de la contratación pública. Debe aprovecharse la flexibilidad que las opciones plurianuales de financiación – siempre que estén justificadas y con la oportuna supervisión – pueden proporcionar, pues permiten evitar la toma de decisiones de contratación que no asignan adecuadamente los riesgos o que resultan ineficaces en razón de una normativa presupuestaria estricta y de una asignación ineficiente

iii. Armonizar, en lo posible, los principios por los que se rige la contratación pública en las distintas tipologías de prestaciones de servicios públicos, incluidas las de obras públicas, las alianzas entre el sector público y el privado y las concesiones. Para la prestación de servicios mediante acuerdos con socios privados, que pueden presentar una gran variedad, los Adherentes deberán garantizar el mayor grado posible de armonización entre los marcos e instituciones que rigen la prestación de servicios públicos, con el fin de estimular la eficiencia de los participantes públicos y ofrecer previsibilidad a los participantes del sector privado.

Nota: La Recomendación de la OCDE sobre Contratación Pública de 2015 se encuentra actualmente en revisión.
Fuente: (OECD, 2015[4])

Hay dos categorías de integración: la horizontal y la vertical (véase la Gráfica 4.4). La integración vertical consiste en la integración del sistema central de contratación electrónica con las herramientas internas de contratación y gestión digitales de las autoridades contratantes. La integración horizontal implica la integración del sistema de contratación electrónica con otros sistemas gubernamentales, como el sistema tributario, el presupuestario o de seguridad social.

Gráfica 4.3. Integración horizontal y vertical de los sistemas de contratación electrónica

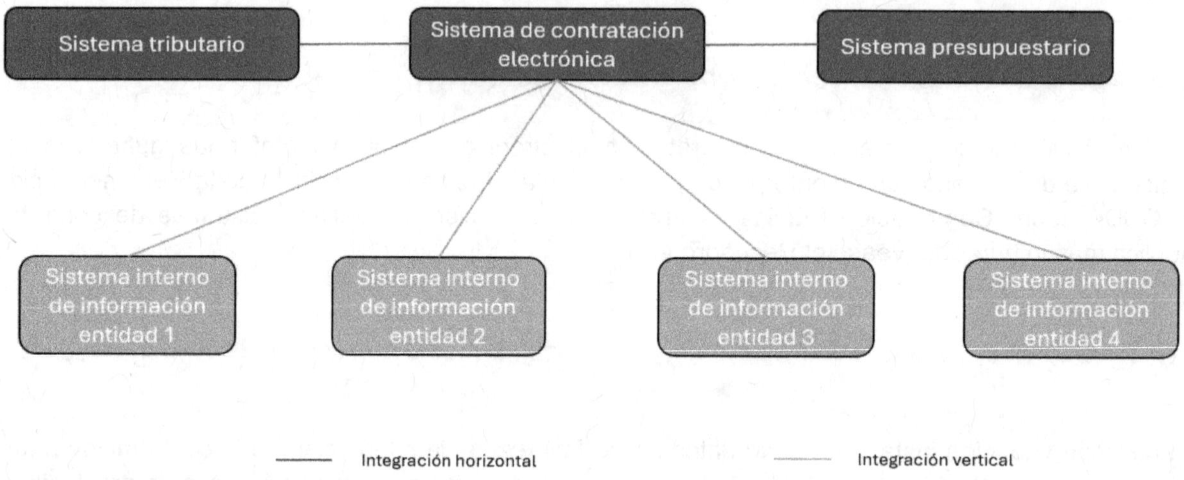

Fuente: OECD (2024), *The Digital Transformation of Public Procurement in Ireland: A Report on the Current State*, OECD Public Governance Reviews, OECD Publishing, Paris, https://doi.org/10.1787/87912457-en.

La Encuesta de la OCDE sobre Contratación Pública reveló que aún existen oportunidades para una mayor integración entre diferentes sistemas y servicios digitales. Aunque el 68% de los encuestados (27 de 40 países) integra sus plataformas de contratación digital con otros sistemas de gobierno digital para facilitar el intercambio de información en tiempo real, la integración con sistemas específicos es limitada. Por ejemplo, solo el 8% de los encuestados tiene sus plataformas de contratación electrónica integradas con registros de activos y bases de datos de beneficiario final, el 13% con planificación de recursos de negocio (ERP, por sus siglas en inglés), el 23% con bases de datos de la seguridad social, el 23% con sistemas de facturación electrónica, el 20% con sistemas de presupuestación y el 35% con registros fiscales. (OECD, 2025[1]) Estas cifras ilustran que la integración puede ser técnicamente compleja y requiere esfuerzos sostenidos para desarrollar las capacidades y la infraestructura necesarias para lograrla.

Gráfica 4.4. Integración de las plataformas de contratación electrónica con otros sistemas de gobierno digital en los países de la OCDE, 2024

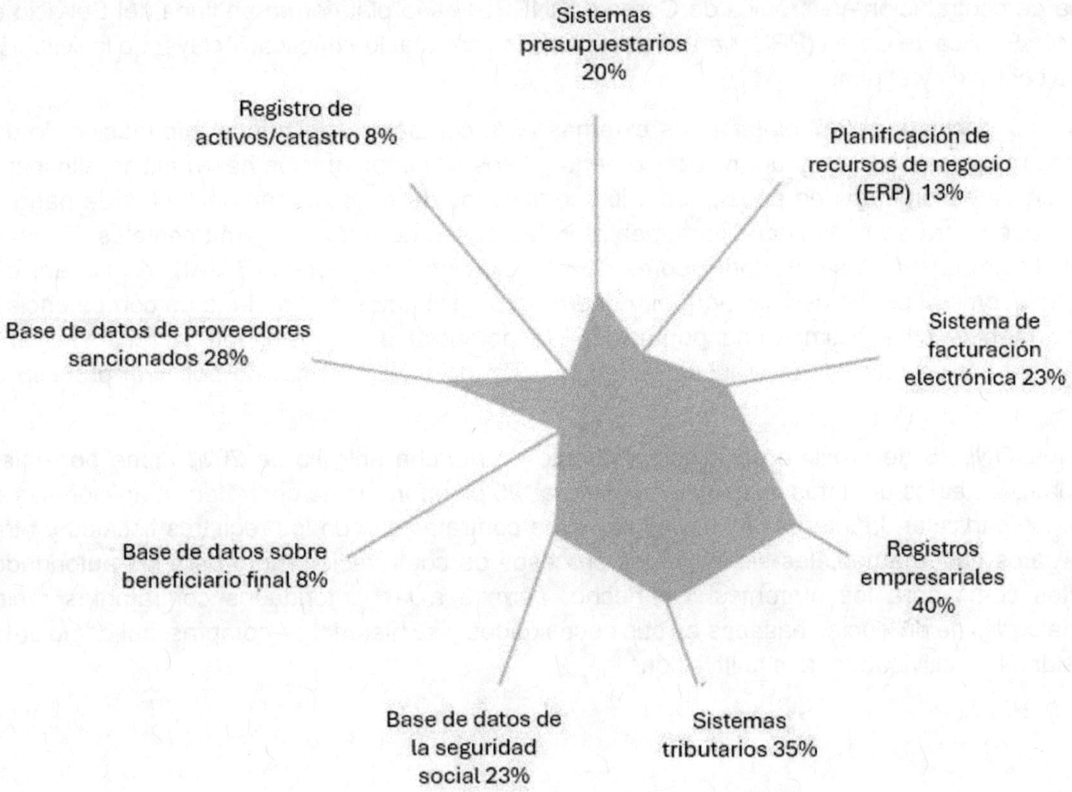

Nota: Se muestran los datos de 40 encuestados.
Fuente: (OECD, 2025[1]).

Durante años, una de las mejores prácticas en materia de integración ha sido el sistema de contratación electrónica de Corea, KONEPS, que, a pesar de estar a la vanguardia, sigue evolucionando y mejorando (véase el Recuadro 4.2).

Recuadro 4.2. Integración de KONEPS con otras plataformas gubernamentales digitales

El sistema de contratación electrónica de Corea (KONEPS) es la plataforma en línea del Servicio de Contratación Pública de Corea (PPS) para la gestión de la contratación pública, incluyendo la licitación, la firma de contratos y el pago.

KONEPS está vinculado a 227 plataformas externas para compartir y recuperar información, lo que permite una máxima eficiencia y un mejor uso de los datos. Su implantación ha permitido eliminar la presentación de documentos en papel, como los certificados de registro mercantil y los de pago de impuestos, que ahora se consultan directamente en las bases de datos gubernamentales. También incluye el Sistema de Análisis de Indicadores de Colusión en Licitaciones (BRIAS) de Corea, que analiza datos como el precio de licitación, el número de participantes y el método de competencia, y aplica una fórmula para estimar una puntuación de potencial de colusión en la licitación. Si la puntuación supera un umbral, se requiere la recopilación de más información sobre el proceso de contratación.

El proyecto KONEPS de próxima generación, puesto en marcha en julio de 2021, tiene por objeto unificar cuatro sistemas de datos adicionales e integrar 25 plataformas de contratación adicionales en KONEPS. En particular, la integración de los datos de contratación con los registros fiscales y otras bases de datos gubernamentales simplifica los procesos de contratación tanto para las autoridades contratantes como para los oferentes. De hecho, permite a las autoridades contratantes recibir recomendaciones de productos basadas en sus necesidades y su historial de compras, así como datos que respaldan las actividades de planificación.

Fuente: (OECD, 2025[1]).

La misión del CM consiste en integrar el Poder Judicial de la CABA como órgano permanente para la selección de jueces y para la administración. En esta capacidad, la administración no es simplemente una función "auxiliar" de una misión sustantiva, sino que forma parte de la misión fundamental de la institución. Como se ha señalado anteriormente, su función consiste en garantizar la independencia del Poder Judicial, asegurar la prestación eficiente del servicio de administración de justicia, promover el nivel óptimo de sus miembros y lograr la satisfacción de las demandas sociales relativas a la función jurisdiccional del Estado.

En el caso del sistema de contrataciones, tal y como se ha comentado en los capítulos anteriores, este funciona de manera centralizada. Sin embargo, cuando las competencias nacionales se transfieran a la CABA, es posible que sea necesario descentralizar el sistema o fortalecer a la unidad central de compras. Si esto ocurriera, sería fundamental avanzar manteniendo la integración vertical.

En cuanto a la integración horizontal, la primera tarea, que ya se ha mencionado en el Capítulo 2, es la interoperabilidad de JUC con los sistemas SISTAE y *Pilagá*. Posteriormente, se podría buscar la integración con otros sistemas, incluidos los internos del CM, los pertenecientes a diferentes áreas del GCABA y, eventualmente, los del gobierno nacional y el sector privado. Esta acción no solo mejoraría la planificación de las contrataciones, sino que también permitiría recopilar la información necesaria para evaluar la contribución de la contratación al logro de los objetivos centrales del CM, tales como garantizar la prestación eficaz del servicio de administración de justicia, promover el nivel óptimo de servicio a sus usuarios y lograr la satisfacción de las demandas sociales en relación con la función jurisdiccional del Estado.

4.3. Aprovechar la contratación electrónica para alcanzar objetivos estratégicos de política pública

La contratación pública se considera cada vez más una actividad estratégica que puede ayudar a los gobiernos a alcanzar objetivos de interés público relacionados, por ejemplo, con la sustentabilidad medioambiental, la innovación, la inclusión social, la conducta empresarial responsable y el desarrollo de las PYME, entre otros. Balancear estos objetivos estratégicos con el objetivo principal de la contratación pública es uno de los principios de la Recomendación de la OCDE sobre Contratación Pública (véase el Recuadro 4.3).

De hecho, el concepto de "valor por el dinero" está fundamentalmente vinculado a los objetivos estratégicos de política pública. Es útil orientar las actividades y decisiones de contratación pública para favorecer la combinación más ventajosa de costo, calidad y sustentabilidad para cumplir los requisitos definidos. El argumento económico (costo y calidad) ha sido una consideración privilegiada de los gobiernos, dadas las presiones presupuestarias y las exigencias de rendición de cuentas de los ciudadanos. No obstante, durante las últimas décadas, el valor en la contratación pública está cada vez más vinculado a la sustentabilidad, incluyendo objetivos que van más allá del costo y la calidad, como los objetivos sociales y ecológicos. Esta evolución tiene por objeto garantizar que los bienes y servicios no perjudiquen indebidamente a las sociedades y al medio ambiente. De hecho, el valor por el dinero también está cada vez más vinculado a consideraciones sociales como el respeto de los derechos humanos, los derechos laborales (es decir, la no discriminación y la integración de la perspectiva de género) y la promoción de oportunidades económicas para personas desempleadas de larga duración, minorías y personas con discapacidad. (OECD, 2020[5])

Recuadro 4.3. El principio de balance en la Recomendación de la OCDE sobre Contratación Pública

La Recomendación insta a los adherentes a que reconozcan que todo uso del sistema de contratación pública que pretenda conseguir objetivos secundarios de política deberá sopesar estas finalidades frente al logro del objetivo principal de la contratación. A tal fin, los adherentes deberán:

i. Evaluar la adecuación de la contratación pública como instrumento para perseguir objetivos secundarios de política de acuerdo con unas prioridades nacionales claras, valorando los potenciales beneficios frente a la necesidad de lograr la obligada rentabilidad. Deberá tenerse en cuenta tanto la capacidad del personal de contratación pública para ayudar al logro de los objetivos secundarios de política como los recursos necesarios para el seguimiento de los avances de esos objetivos.

ii. Elaborar una estrategia adecuada para la integración de los objetivos secundarios de política en los sistemas de contratación pública. En relación con los objetivos secundarios de política a cuyo logro va a colaborar la contratación pública, deberá desarrollarse una adecuada planificación, un análisis de referencia y una evaluación de riesgos, y deberán establecerse los resultados previstos, todo ello de cara al desarrollo de los oportunos planes de acción o directrices de puesta en marcha.

iii. Emplear una metodología adecuada de evaluación de impacto para cuantificar la eficacia del sistema de contratación pública en el logro de objetivos secundarios de política. Deberán cuantificarse, conforme a metas o etapas adecuadas, los resultados de cualquier uso del sistema de contratación pública en apoyo de objetivos secundarios de política, a fin de proporcionar a los responsables de la formulación de las políticas la información oportuna acerca de los beneficios y los costos de dicho uso. La eficacia deberá cuantificarse tanto a nivel de cada proceso de contratación pública como en referencia al logro de los resultados previstos en materia de política. Además, deberá evaluarse periódicamente el efecto global que sobre el sistema de contratación pública tiene la persecución de objetivos secundarios de política, con el fin de abordar la posible sobrecarga de objetivos.

Nota: La Recomendación de la OCDE sobre Contratación Pública de 2015 se encuentra actualmente en revisión.
Fuente: (OECD, 2015[4])

La contratación electrónica puede apoyar el principio de balance de diferentes maneras. En primer lugar, los portales de contratación electrónica pueden ayudar a seleccionar y comunicar criterios estratégicos a la comunidad de proveedores como base para la adjudicación de contratos (véase el Recuadro 4.4 sobre el caso de Irlanda). En segundo lugar, especialmente cuando los registros de proveedores se alojan en plataformas de contratación electrónica, pueden facilitar la recopilación de información sobre las capacidades del mercado para respaldar los objetivos estratégicos (por ejemplo, ¿en qué medida la comunidad de proveedores puede cumplir con criterios medioambientales o de equidad de género?). En tercer lugar, especialmente cuando las plataformas de contratación electrónica pueden gestionar sistemáticamente los datos para apoyar la toma de decisiones, pueden proporcionar información para evaluar en qué medida la contratación pública es realmente la mejor herramienta política para alcanzar los objetivos estratégicos determinados (como sugiere la Recomendación de la OCDE). Del mismo modo, las plataformas de contratación electrónica pueden utilizarse para comunicar las prioridades de los gobiernos al mercado, de modo que los oferentes comprendan mejor las expectativas.

Las plataformas de contratación electrónica también pueden ayudar a gestionar la mayor complejidad que puede entrañar la contratación pública estratégica. De hecho, esta es una tendencia entre los países de la OCDE. La Encuesta de la OCDE sobre Contratación Pública 2024 reveló que los 40 países encuestados integran al menos un objetivo de política pública en los documentos de contratación, siendo los más comunes los objetivos medioambientales (100%), la innovación (95%) y el apoyo a las PYME (90%). Los objetivos sociales se tienen en cuenta con menos frecuencia. (OECD, 2025[1])

Veintidós encuestados (55%) indicaron que utilizaban requisitos para incorporar objetivos de política estratégicos en los criterios de adjudicación. A pesar de la creciente aceptación, el 20% de los encuestados no evalúa el impacto de la contratación pública en la consecución de objetivos estratégicos. Los países que sí lo hacen, evalúan el número o la proporción de procedimientos que integran dichos objetivos (63%) y agregan los resultados por objetivo de política pública (33%) (véase la Gráfica 4.5).

Gráfica 4.5. Evaluación del impacto de la contratación pública en la consecución de objetivos estratégicos de política pública, 2024

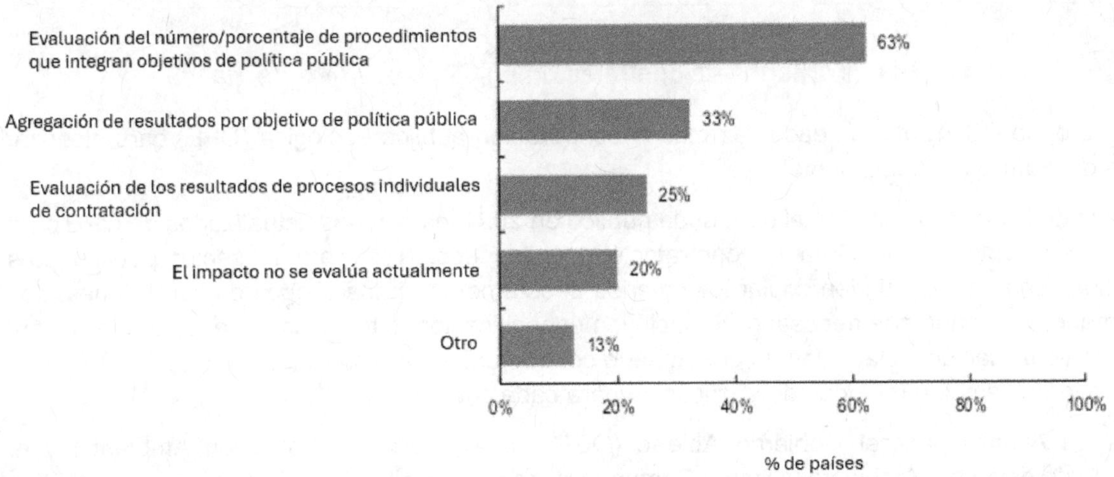

Nota: Se muestran los datos de 40 encuestados.
Fuente: (OECD, 2025[1])

La Ley N.° 2095 (Ley de Compras y Contrataciones de la Ciudad Autónoma de Buenos Aires) establece en su Artículo 7 la sustentabilidad como uno de los principios rectores de las actividades de contratación pública. Establece que la sustentabilidad implicará de manera gradual y progresiva la implementación de criterios ambientales, éticos, sociales y económicos en las decisiones de contratación pública. Luego, en junio de 2023, la Ley N.° 6647 modificó varios artículos de la Ley N.° 2095 para que fueran más explícitos, por ejemplo:

- En lugar de exigir la aplicación "gradual y progresiva" del principio de sustentabilidad, exige su aplicación "adecuada y efectiva".
- Exige la incorporación de políticas para incluir criterios de inclusión de mujeres, personas con discapacidad, personas mayores y empresas que hayan obtenido etiquetas que certifiquen criterios sociales.
- Establece un margen del 5% en el precio ofrecido a favor de la oferta que cumpla con el principio de sustentabilidad. El mismo margen se aplica a las PYME y cooperativas.
- Establece la facultad de la autoridad contratante para verificar el cumplimiento del principio de sustentabilidad.

Hay dos factores que invitan al CM a aprovechar la contratación electrónica para impulsar la aplicación del principio de sustentabilidad. En primer lugar, el hecho de que el mandato de aplicarlo sea bastante reciente y, por lo tanto, sea de suma importancia comunicarlo claramente como una prioridad del CM a la comunidad de proveedores. De hecho, la implementación del principio sin obstaculizar la competencia puede requerir adaptación por parte de la comunidad de proveedores, por lo que la gradualidad puede ser una buena idea y JUC podría ser uno de los principales medios para sensibilizar a los proveedores. En segundo lugar, el marco normativo establece la posibilidad de perseguir una amplia variedad de objetivos medioambientales, sociales y económicos a través de la contratación pública, lo que puede dar lugar a una sobrecarga de los procesos de contratación o a confusión por parte de los funcionarios responsables si el potencial impacto de la contratación pública en la consecución de tales objetivos no se analiza adecuadamente. Por lo tanto, sería importante definir claramente qué objetivos se pueden perseguir y cuándo. Entonces, JUC podría facilitar la evaluación de tales impactos potenciales y la definición de cuáles objetivos estratégicos incorporar como criterios de adjudicación en cada proceso de contratación y recopilar las justificaciones correspondientes para utilizarlos. Como afirma claramente la Recomendación de la OCDE sobre Contratación Pública, esta puede no ser siempre la mejor herramienta para alcanzar dichos objetivos.

Recuadro 4.4. Herramienta de criterios de contratación pública ecológica de Irlanda

Los países de la OCDE utilizan cada vez más la contratación pública ecológica (CPE) para alcanzar objetivos de política medioambiental.

La Agencia de Protección Ambiental de Irlanda publicó en 2021 los criterios actualizados de CPE para diez sectores, junto con la Guía de contratación pública ecológica para el sector público. Las autoridades contratantes pueden copiar los criterios directamente en los pliegos de condiciones, con ajustes menores cuando sea necesario. Se incluyen especificaciones técnicas, criterios de selección, criterios de adjudicación y cláusulas de desempeño contractual, según corresponda a cada categoría. Se proporcionan también métodos de verificación para cada criterio.

En 2022, la Alianza para el Gobierno Abierto (OGP), la Agencia de Protección Ambiental y el Departamento de Medio Ambiente, Clima y Comunicaciones desarrollaron la Herramienta de Criterios de Contratación Pública Ecológica, que permite a los usuarios buscar, seleccionar y descargar los criterios de CPE relevantes para su contratación específica. Los usuarios pueden buscar criterios por palabra clave o por sector (por ejemplo, servicios de alimentación, productos textiles y servicios). La herramienta de búsqueda en línea facilita el uso de criterios de CPE para promover los objetivos de sustentabilidad de una manera fácil de usar y eficiente.

Fuente: (OECD, 2024[6])

Como se ha mencionado anteriormente, la misión del CM consiste en integrar el Poder Judicial de la CABA como órgano permanente para la selección de jueces y para la administración. En esta capacidad, la administración no es una función "auxiliar" de una misión sustantiva, sino que forma parte de la misión fundamental de la institución. En este sentido, es evidente que la gestión eficiente de JUC y la innovación permanente, así como su conexión con el resto de los sistemas administrativos y de gestión, contribuyen directamente a la administración eficaz y eficiente del Poder Judicial de la CABA. Pero, además, la integración de JUC con el resto de los sistemas del CM (especialmente el sistema EJE, pero también los utilizados para gestionar reclamaciones, mediaciones, acceso a la justicia, capacitación para la población y las opiniones de los ciudadanos sobre el servicio de justicia prestado, entre otros) permitirá disponer de los datos necesarios para evaluar la contribución de las contrataciones al logro de objetivos institucionales fundamentales y de los objetivos de política pública complementarios definidos como prioritarios para la función de compras del CM, como el avance de la inclusión social y la promoción de las PYME.

4.4. Propuestas de acción

- Siguiendo las tendencias en los países de la OCDE, la SAGyP podría aspirar a ampliar gradualmente las funcionalidades transaccionales de JUC a las etapas pre- y post-licitatoria, incluyendo tareas como la publicación de planes anuales de compras, la verificación de la disponibilidad presupuestaria, la realización de modificaciones contractuales y la elaboración de informes de avance sobre la ejecución contractual. Estas nuevas funcionalidades permitirían a JUC convertirse en una solución de punta a punta y promover la transparencia y la eficiencia en las actividades de contratación del CM.
- La experiencia de los países de la OCDE sugiere que la integración de los sistemas de contratación electrónica con otras plataformas de gobierno digital genera beneficios para

autoridades contratantes y proveedores. En consecuencia, el CM podría completar el proceso de integración de JUC con los sistemas SISTAE y *Pilagá*. Esta integración permitirá tener una visión completa del ciclo del proceso de compras, desde la identificación de necesidades hasta el cierre del contrato y la evaluación de los proveedores. Esto también facilitará la comunicación con los proveedores, desde el inicio hasta el final del proceso, a través del sistema, que también sería un control para la integridad y transparencia de dicha comunicación.

- La SAGyP podría encabezar la integración de JUC con otros sistemas del CM. Esto no solo mejoraría la planificación de las contrataciones, sino que también permitiría recopilar la información necesaria para evaluar la contribución de las contrataciones al logro de los objetivos centrales del CM, como garantizar la prestación eficaz del servicio de administración de justicia, promover el nivel óptimo para sus usuarios y lograr la satisfacción de las demandas sociales en relación con la función jurisdiccional del Estado.
- La DGIT debería concluir la integración del RIUPP con JUC, lo que eliminará el riesgo de inconsistencia de datos entre los diferentes sistemas. Tras esta integración, el CM podría proponer al GCABA que impulse iniciativas ante otros organismos públicos, tanto dentro de la CABA, por ejemplo, la Agencia Gubernamental de Ingresos Públicos (AGIP), como en el nivel nacional, por ejemplo, la Agencia de Recaudación y Control Aduanero (ARCA) y la Administración Nacional de la Seguridad Social (ANSES). También debería fortalecerse la coordinación con el GCABA para el desarrollo de nuevas aplicaciones para el RIUPP.
- El CM podría aprovechar a JUC para gestionar la aplicación del principio de sustentabilidad, por ejemplo, para comunicarlo como una prioridad a la comunidad de proveedores y permitir su adaptación, así como para facilitar el análisis del potencial impacto de la contratación pública en la consecución de objetivos estratégicos, definir los criterios estratégicos a aplicar en cada proceso de licitación y recopilar las justificaciones correspondientes.

Referencias

OECD (2025), *Digital transformation of public procurement: Good practice report*, OECD Publishing, https://doi.org/10.1787/79651651-en. [2]

OECD (2025), *Implementing the OECD Recommendation on Public Procurement in OECD and Partner Countries: 2020-2024 Report*, OECD Public Governance Reviews, OECD Publishing, Paris, https://doi.org/10.1787/02a46a58-en. [1]

OECD (2024), *The Digital Transformation of Public Procurement in Ireland: A Report on the Current State*, OECD Public Governance Reviews, OECD Publishing, Paris, https://doi.org/10.1787/87912457-en. [6]

OECD (2020), *Integrating Responsible Business Conduct in Public Procurement*, OECD Publishing, https://doi.org/10.1787/02682b01-en. [5]

OECD (2015), *Recomendación del Consejo sobre Contratación Pública,*, https://legalinstruments.oecd.org/en/instruments/OECD-LEGAL-0411. [4]

OECD Publishing (2025), "Digital transformation of public procurement: Good practice report", *OECD Public Governance Policy Papers*, No. 77, OECD Publishing, Paris, https://doi.org/10.1787/79651651-en. [3]

5 Gestión de datos sobre contratación pública en el Consejo de la Magistratura

Este capítulo analiza hasta qué punto el sistema de contratación electrónica JUC (Justicia Compra) facilita la transparencia y el acceso a la información sobre contratación pública, así como los retos que enfrenta. Aborda la importancia de desarrollar una estrategia de gestión de riesgos para la contratación pública en general, y la contratación electrónica en particular, considerando los riesgos observados en otros países, como los ciberataques y los fallos operativos. Examina cómo JUC podría contribuir a dicha estrategia proporcionando datos que la sustenten. Finalmente, el capítulo aboga por el desarrollo de un marco de evaluación para JUC que considere indicadores relativos al cumplimiento, la eficiencia y el logro de objetivos estratégicos.

5.1. Fomentar la transparencia y facilitar el acceso a la información sobre contratación pública

La transparencia es uno de los pilares fundamentales de la contratación pública, ya que puede ayudar a mitigar riesgos de favoritismo, corrupción e ineficiencia al hacer que los procesos de contratación sean más abiertos y se rinda cuentas, lo que permite el escrutinio de las actividades de contratación pública.

Datos de los países de la OCDE ponen de relieve que se han realizado esfuerzos para que los documentos y datos sobre contratación pública estén a disposición del público, lo que contribuye a fomentar la transparencia. Además de recopilar información supervisada anteriormente sobre el grado de transparencia en la contratación pública, la Encuesta de 2024 se amplió para incluir elementos más recientes, como la publicación de información clave sobre los sistemas de contratación electrónica. Cabe destacar que, si bien casi todos los 40 países encuestados publican anuncios de licitación (100%), especificaciones técnicas (98%) y criterios de evaluación (98%), son menos los que publican resúmenes de consultas al mercado y justificaciones para rescindir un contrato (43%), contratos firmados (38%), certificados de finalización satisfactoria (30%), estudios de mercado (23%), auditorías finales (13%) e informes de avance (13%). En algunos casos, las menores tasas de publicación pueden reflejar la preocupación por facilitar inadvertidamente la colusión, en particular cuando se divulga información que podría influir en el comportamiento futuro de las oferentes.

Existe una diferencia considerable en la disponibilidad de datos y/o documentos en línea según la fase de la contratación. Si bien la mayoría de los encuestados facilitan información sobre la fase licitatoria, los documentos y/o datos relativos a las fases pre- y post-licitatoria están menos disponibles (Gráfica 5.1). Como se ha señalado anteriormente, la menor disponibilidad de datos y documentos en la fase pre-licitatoria puede deberse a la preocupación por facilitar la colusión.

Gráfica 5.1. Documentos o datos disponibles públicamente, 2024

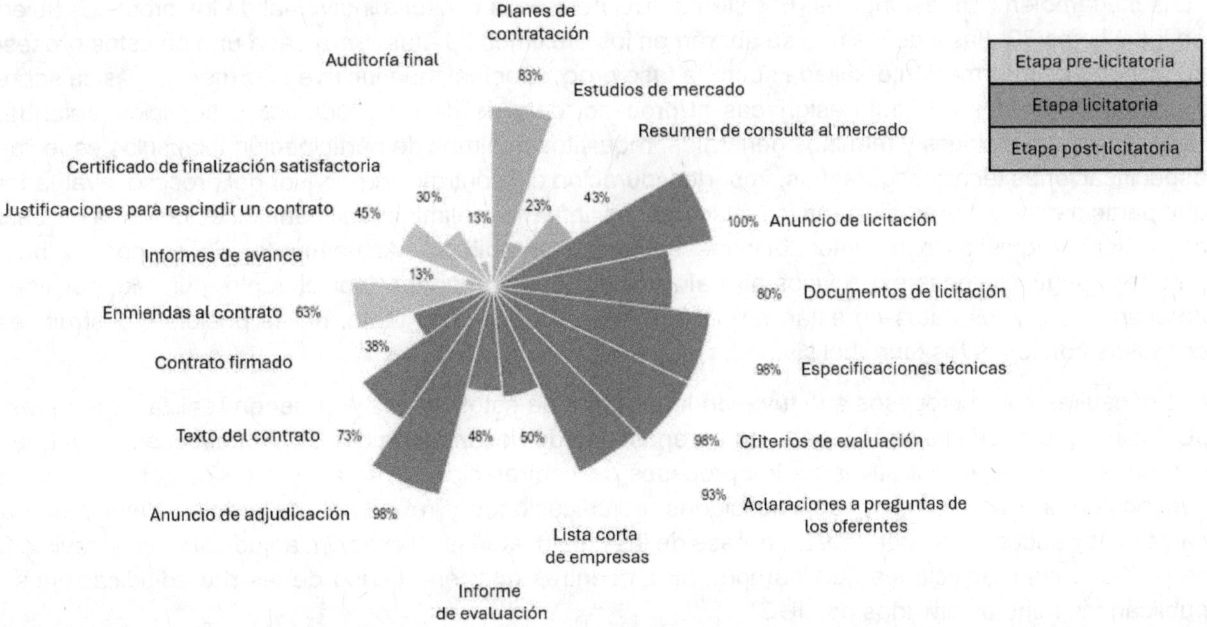

Nota: Se muestran los datos de 40 encuestados.
Fuente: (OECD, 2025[1])

En consonancia con esta tendencia, la mayoría de los encuestados indicaron que habían adoptado requisitos de transparencia para la fase de licitación, mientras que la transparencia en otras etapas del proceso de contratación pública sigue siendo menos habitual. Esto pone de relieve las oportunidades que existen para fortalecer la transparencia en todas las fases del ciclo de la contratación pública, garantizando una divulgación oportuna y adecuada en todo momento. Cabe destacar que el 98% (39 de 40) de los encuestados tiene requisitos para publicar anuncios de licitación y exige la publicación de los documentos de licitación, el 95% (38 de 40) ordena publicar anuncios de adjudicación y el 78% (31 de 40) divulga el precio adjudicado. La transparencia en tiempo real también ha mejorado gracias a la creciente adopción e integración de los sistemas de contratación electrónica.

Las obligaciones de transparencia en la fase pre-licitatoria y en la ejecución del contrato siguen siendo limitadas entre los encuestados, lo que deja margen para mejorar la visibilidad de oportunidades futuras y contratos actuales. De hecho, solo 22 de los 40 encuestados informaron que tenían la obligación de publicar planes de contratación pública (55%). En las fases de ejecución del contrato y posteriores al contrato, los requisitos de publicación son aún menos comunes, lo que indica que hay margen para seguir avanzando. Si bien la mayoría de los encuestados (29 de 40, es decir, el 73%) exigen la publicación de las enmiendas a los contratos, solo el 30% (12 de 40) tiene requisitos de publicación de certificados de finalización de los contratos. Como ya se señaló en un informe de la OCDE de 2019, la información posterior al contrato también se divulga con menos frecuencia, ya que solo el 38% de los encuestados (15 de 40) tiene requisitos para publicar informes de evaluación.

El CM ha logrado avances significativos en materia de transparencia. En el portal *Jusbaires Abierto* (https://jusbairesabierto.gob.ar) es posible acceder a información sobre la actividad del Consejo, estadísticas de las diferentes jurisdicciones del Poder Judicial, datos sobre el presupuesto, las adquisiciones, la nómina del personal y la escala salarial, así como a los informes anuales, los acuerdos y los concursos públicos del Consejo. Sin embargo, por el momento, se trata fundamentalmente de un repositorio bien organizado de información sobre la actividad de las distintas áreas del CM.

En el caso de la contratación pública, JUC ha dado sin duda un importante paso adelante en materia de transparencia. No obstante, la información publicada actualmente es limitada y las funcionalidades de consulta también son restringidas. El sistema JUC permite la consulta individual de los procesos abiertos en los últimos 30 días y de los que se abrirán en los próximos 30 días. Para cada uno de estos procesos, se dispone de información detallada sobre la fase precontractual, que incluye información básica sobre el proceso, solicitudes de gasto asignadas al proceso, detalles de los productos o servicios, calendario, conjunto de condiciones y términos generales, requisitos mínimos de participación, cláusulas especiales, especificaciones técnicas, garantías, importe y duración del contrato, supervisor del proceso, evaluadores que participaron, actos administrativos relacionados, informe preliminar de la adjudicación y una indicación de si tiene requisitos o recomendaciones sobre sustentabilidad. Actualmente, no es posible buscar procesos según criterios específicos ni realizar consultas agregadas (por ejemplo, por año, por tipo de proceso, etc.), y los datos no están en un formato abierto. Por lo tanto, no es posible "construir" esas consultas con los datos fuera del sistema.

Las consultas sobre procesos que tuvieron lugar fuera de estos plazos no pueden realizarse a través de JUC, sino que deben llevarse a cabo en el repositorio de documentos del CM, un almacén en el que los diferentes actos administrativos de los procesos de contratación se organizan en carpetas separadas: convocatorias a licitación, pre-adjudicaciones, adjudicaciones y revisiones de precios. Dentro de cada carpeta hay subcarpetas por año. En el caso de las convocatorias a licitación, adjudicaciones y revisiones, se publican las resoluciones que las aprueban, mientras que, en el caso de las pre-adjudicaciones, se publican las minutas emitidas por JUC.

Como es evidente, la función de consulta pública de los procesos de contratación es básica y proporciona poca información. Por lo tanto, existe una importante oportunidad de mejora en este aspecto. Una primera acción que debería ser posible sin demasiada dificultad es instalar la funcionalidad, disponible en BAC, para consultar toda la base de datos de los procesos de contratación según diversos criterios. En una segunda etapa, se pueden desarrollar opciones de consulta más avanzadas, como la agregación de datos, la generación de estadísticas y la obtención de resultados gráficos para una visualización amigable al usuario (por ejemplo, paneles de control, indicadores clave de desempeño, etc.). El siguiente paso debería consistir en ampliar la cobertura a todo el ciclo de contratación, desde la planificación hasta el final del contrato.

Si bien la publicación de datos mejora la transparencia, su valor para las partes interesadas depende en gran medida de que el acceso sea fácil y centralizado. El Recuadro 5.1 ilustra un ejemplo de buenas prácticas de Finlandia en este ámbito.

Recuadro 5.1. Finlandia: Uso de los datos de facturación electrónica por Hansel para aumentar la transparencia del gasto gubernamental

Hansel, la agencia centralizada de contrataciones de Finlandia, trabajó para crear un portal público de datos abiertos que cualquier persona pudiera utilizar para analizar el gasto gubernamental. El servicio *OpenProcurement.fi*, puesto en marcha en 2017, ofrece acceso público a la información sobre la contratación pública del Estado y de otras organizaciones públicas. Los usuarios pueden buscar las contrataciones de más de 70 compradores gubernamentales y alrededor de 20 000 proveedores cada año, desde 2016 hasta la actualidad. Pueden ver detalles como categoría de la contratación, fecha y precio de cada factura. Las descargas masivas están disponibles en varios formatos a través del directorio de datos abiertos de Finlandia. El servicio muestra las partes a las que se adquirieron productos y servicios, así como cuándo se realizaron estas contrataciones. Los datos de *OpenProcurement.fi* han dado lugar a investigaciones de gran repercusión en los medios de comunicación finlandeses. El objetivo del proyecto era aumentar la transparencia, pero también ha puesto de relieve ahorros potenciales: por ejemplo, los gastos de papelería de un ministerio eran 1 000 veces superiores a los de otro. Los operadores económicos también utilizan el servicio para estudiar el mercado. El portal permite analizar los datos de contratación pública desde tres perspectivas:

- Compradores: Los compradores son organismos estatales y otras organizaciones que adquieren bienes y servicios.
- Proveedores: Cuando el proveedor es un particular, se marca como "información del proveedor no pública" (este proceso se ve facilitado por el registro centralizado de proveedores de Finlandia). Algunas contrataciones de organismos estatales y otras organizaciones están clasificadas como confidenciales por ley y no se incluyen en el servicio.
- Categorías de contratación: Las compras también pueden consultarse por categoría de contratación. Desde allí, los usuarios también pueden consultar grupos de productos y servicios en los que se han dividido los datos en función de la contabilización de las facturas.

Dado que Finlandia utiliza un sistema centralizado obligatorio de facturación electrónica, la precisión de los datos es muy alta. Los datos del gobierno central se recopilan del sistema de facturación estatal y los datos de otras organizaciones se basan en los datos de las facturas presentadas a Hansel. Gracias a la disponibilidad de los datos y a un fuerte compromiso político, el proyecto inicial se puso en marcha a finales de 2016, con el lanzamiento de la herramienta en línea "Explorar el gasto estatal" en septiembre de 2017.

Fuente: (OECD, 2025[1]).

Otra forma de facilitar el acceso a la información sobre contratación pública es adoptar estándares de datos abiertos para JUC. La implementación de estándares de datos abiertos debe ser un proceso gradual y contar con el apoyo de una determinación de alto nivel para dedicar los recursos necesarios a la transición. En la Ciudad de México, el sistema de contratación electrónica Tianguis Digital incluye un módulo de datos abiertos de contrataciones públicas que registró 240 descargas mensuales en promedio de los conjuntos de datos alojados en la plataforma y 5 864 visitas hasta mayo de 2024 (véase el Recuadro 5.2).

Recuadro 5.2. Datos abiertos en el sistema de contratación electrónica de la Ciudad de México, Tianguis Digital

La Ciudad de México ejerce anualmente más de MXN 60 000 millones a través de la contratación pública (aproximadamente USD 3 333 millones). Tianguis Digital es la plataforma de contratación electrónica de la Ciudad de México que busca planificar, conducir y monitorear procedimientos de contratación pública y promover un uso adecuado de los recursos públicos. El sistema adoptó algunos de los principales estándares internacionales en materia de datos abiertos y transparencia.

La plataforma está compuesta por distintos módulos para gestionar las distintas etapas del ciclo de contratación pública. En febrero de 2019 se lanzó con dos módulos, pero para mayo de 2024 contaba ya con nueve módulos, incluyendo los siguientes:

- Visor de contrataciones: Permite la consulta de información sobre contrataciones públicas en formatos amigables para el usuario como tableros, indicadores clave de desempeño y gráficos que facilitan el monitoreo ciudadano. Se estableció en agosto de 2022, cubriendo las etapas de planeación y licitación hacia mayo de 2024.
- Explorador de datos abiertos de contrataciones públicas: Herramienta para buscar y descargar información sobre las contrataciones públicas de la ciudad bajo el Estándar de Datos para las Contrataciones Abiertas. También su puso en marcha en agosto de 2022.

La Ciudad de México se inspiró en el sistema Prozorro de Ucrania y se benefició de su experiencia en la conceptualización, desarrollo e implementación de la plataforma.

Tianguis Digital ha ganado dos veces seguidas (2019 y 2021) el programa LIFT de la Alianza para las Contrataciones Abiertas (OCP, por sus siglas en inglés) y fue galardonado en los *Latam Smart City Awards* 2022 en la categoría de transformación digital.

Fuente: (Red Interamericana de Compras Gubernamentales, Inn-Site: Un espacio de intercambio para la innovación en compra pública, n.d.[2])

Por último, la SAGyP podría facilitar el acceso a la información sobre contrataciones adoptando prácticas de transparencia focalizada mediante la visualización amigable de los elementos de información clave (es decir, gasto en contrataciones, proveedores, contratos adjudicados, etc.), mostrándolos en formatos gráficos fáciles de leer para un público no experto (por ejemplo, paneles de control).

5.2. La relevancia de los datos para adoptar la gestión de riesgos en la contratación pública del Consejo de la Magistratura

La contratación pública puede verse afectada por una amplia gama de riesgos que inciden en el propio proceso de contratación, así como por riesgos más generales para los proyectos o la prestación de servicios. Los riesgos no solo se producen durante el proceso de licitación, sino a lo largo de la vigencia del contrato o de la vida útil del activo adquirido. La gestión de riesgos es también un principio respaldado por la Recomendación de la OCDE sobre Contratación Pública.

Recuadro 5.3. El principio de gestión de riesgos en la Recomendación de la OCDE sobre Contratación Pública

La Recomendación insta a los adherentes a que integren las estrategias de gestión de riesgos para la definición, detección y atenuación de estos a lo largo del ciclo de la contratación pública. Con este fin, los adherentes deberán:

i. Elaborar herramientas de evaluación de riesgos que permitan identificar y abordar amenazas al óptimo funcionamiento del sistema de contratación pública. En la medida de lo posible, esas herramientas deberán poder detectar riesgos de todo tipo – incluidos los posibles errores en la ejecución de tareas administrativas y las conductas erróneas deliberadas – y ponerlos en conocimiento de los profesionales correspondientes, estableciendo objetivos concretos de intervención en los casos en que sean posibles medidas de prevención o de atenuación.

ii. Dar a conocer las estrategias de gestión de riesgos, a través, por ejemplo, de sistemas de alerta o de programas de fomento de las denuncias, y concientizar al personal de contratación pública y otras partes interesadas, y mejorar sus conocimientos, acerca de las estrategias de gestión de riesgos, sus planes de implantación y las medidas puestas en marcha para afrontar los riesgos detectados.

Nota: La Recomendación de la OCDE sobre Contratación Pública de 2015 se encuentra actualmente en revisión.
Fuente: (OECD, 2015[3])

Aunque inicialmente se centraban en las amenazas a la integridad, en los últimos años los países han prestado cada vez más atención a otros riesgos de la contratación pública, como los relacionados con las tecnologías de la información (TI), los riesgos financieros, reputacionales, sociales y medioambientales. Muchos de estos riesgos afectan al objetivo fundamental de la contratación pública: garantizar que los bienes, servicios u obras se entreguen en el lugar adecuado y en el momento oportuno. Es fundamental identificar la causa raíz de los diferentes riesgos sin confundirlos con sus consecuencias. La Gráfica 5.2 ofrece ejemplos de categorías de riesgos de contratación pública; aunque no son exhaustivas, estas categorías dan una idea de la amplitud de los retos que plantea la gestión de riesgos en la contratación pública.

Gráfica 5.2. Ejemplos de categorización de los riesgos que afectan a los resultados de la contratación pública

Regulatorios y de cumplimiento	De sustentabilidad	Operacionales	Económicos y contextuales
Cumplimiento con el marco normativo de la contratación pública Cumplimiento con marcos normativos relevantes Riesgos de integridad (fraude, corrupción, colusión, etc.)	Riesgos medioambientales (por ejemplo, los bienes adquiridos tienen impactos ambientales negativos) Riesgos sociales (por ejemplo, transgresiones a los derechos humanos y abusos laborales en las cadenas de suministro) Riesgos de resiliencia (por ejemplo, especificaciones inadecuadas llevan a fallas en infraestructura	Riesgos digitales (por ejemplo, fallas del sistema de contratación electrónica) Riesgos de capacidades (por ejemplo, falta de personal de contrataciones con las competencias técnicas adecuadas) Riesgos del proveedor (por ejemplo, distorsiones en la cadena de suministros)	Riesgos presupuestarios (por ejemplo, insuficientes fondos asignados) Riesgos de mercado (por ejemplo, baja concurrencia de oferentes)

Fuente: (OECD, 2023[4])

El análisis de datos puede desempeñar un papel importante en la gestión eficaz de los riesgos, con oportunidades cada vez mayores para incorporar el uso de datos en todo el ciclo de gestión de riesgos. Dada la diversidad de los riesgos de contratación pública, una amplia gama de fuentes de datos puede ser útil para el desarrollo de estrategias de gestión de riesgos y la identificación y el seguimiento de los mismos (véase el Cuadro 5.1). Si bien las organizaciones de contratación pública están digitalizando una proporción cada vez mayor de sus operaciones mediante la implementación y la expansión de los sistemas de contratación electrónica, los esfuerzos para aprovechar plenamente los datos de estos sistemas y otras fuentes suelen estar menos avanzados.

Cuadro 5.1. Ejemplos de posibles fuentes de datos para la identificación de riesgos en contratación pública

Fuente de los datos	Usos potenciales y riesgos atendidos
Sistemas de contratación electrónica	Los sistemas de contratación electrónica pueden desempeñar un papel fundamental para facilitar la recopilación, gestión y análisis de datos, especialmente cuando abarcan todo el ciclo de contratación. Muchas de las fuentes de datos que se enumeran a continuación están disponibles a través de sistemas integrales de contratación electrónica. Los sistemas de contratación electrónica son una fuente clave para una amplia gama de datos esenciales para abordar los riesgos de contratación pública, principalmente datos detallados sobre los procesos de licitación pública (p. ej., tipo de procedimiento, códigos de producto, duración del período de presentación de ofertas, valor estimado y criterios de adjudicación) y los contratos (p. ej., información del oferente y del proveedor, duración del contrato y valor final del contrato).
Registros de proveedores	Los registros de proveedores recopilan información de las empresas que desean participar en procesos de licitación. Generalmente, exigen que los proveedores potenciales certifiquen o presenten documentación que acredite su capacidad para contratar con compradores públicos. Según la Encuesta de 2018 sobre la implementación de la Recomendación de la OCDE sobre Contratación Pública, el 62% de los encuestados disponía de registros de proveedores en algunos o todos sus sistemas de contratación electrónica. Los registros de proveedores suelen recopilar información que puede utilizarse para la gestión de riesgos y el cumplimiento normativo. Esto puede incluir, por ejemplo, la obligación de declarar y mantener información sobre beneficiario final. En algunos casos, esta identificación y verificación debe ser realizada por una persona autorizada (p. ej., abogado, auditor) en lugar de mediante una autodeclaración.
Bases de datos y datos sobre desempeño contractual derivados de análisis ex post sobre costos y beneficios de proyectos	Las bases de datos sobre desempeño contractual contienen información sobre el desempeño de los proveedores en virtud de contratos previamente adjudicados. Esto puede incluir evaluaciones de desempeño por parte de los compradores e información sobre el cumplimiento de costos y plazos, así como datos sobre diversos resultados administrativos y legales, como rescisiones por causa justificada o incumplimiento y problemas de pago a subcontratistas. Estas bases de datos pueden proporcionar información útil para identificar y evaluar riesgos relacionados con contrataciones específicas y con categorías de bienes, servicios y obras que puedan presentar un riesgo particularmente alto.
Listas de exclusión	Las listas de exclusión son listas centralizadas de proveedores potenciales a quienes no les está permitido ofertar en por contratos públicos. Los proveedores se añaden a la lista en función de diversos factores, como un desempeño deficiente en contratos públicos, delitos relacionados con el blanqueo de capitales y la corrupción, el impago de impuestos o la quiebra. Los datos de las listas de exclusión pueden utilizarse junto con información de los registros de proveedores y otros conjuntos de datos para identificar oferentes potencialmente de alto riesgo o patrones en distintos sectores y categorías de productos.
Declaraciones de activos y de intereses	Muchos países cuentan con procesos de declaración de activos e intereses que exigen a los funcionarios públicos documentar actividades externas (por ejemplo, empleos), inversiones, activos, obsequios, beneficios o relaciones que pudieran generar un conflicto de intereses. Las bases de datos de declaraciones de activos y de conflictos de intereses pueden ser utilizadas por las autoridades contratantes para mitigar riesgos de corrupción e integridad, al destacar los casos de mala conducta, y también pueden utilizarse de forma más general, junto con listas de exclusión y registros de proveedores, para identificar contrataciones o categorías de productos de alto riesgo.
Bases de datos de precios unitarios	Una base de datos de precios o costos unitarios recopila datos sobre costos a nivel de partida o unidad y proporciona una referencia estándar para elaborar estimaciones de costos. Las bases de datos de precios unitarios pueden utilizarse para respaldar la elaboración de estimaciones de costos precisas, reduciendo el riesgo de que las licitaciones superen los costos presupuestados o de errores en el proceso de evaluación de opciones. En términos más generales, pueden servir de base para el desarrollo de estrategias de contratación, ayudando a reducir el riesgo de un empaquetamiento subóptima y a tomar decisiones sobre la naturaleza de la relación contractual. También pueden utilizarse en el proceso de evaluación, ayudando a determinar si los procesos de contratación han sido exitosos en la gestión de costos.
Registros y bases de datos administrativos	Los registros y bases de datos administrativos pueden incluir registros tributarios, así como datos de procedimientos penales, civiles y administrativos (nacionales e internacionales). Estas fuentes de datos pueden utilizarse para determinar el cumplimiento tributario de los proveedores, así como para identificar oferentes potencialmente de alto riesgo o patrones en distintos sectores y categorías de productos.
Registros de liberación y transferencia de contaminantes (PRTR, por sus siglas en inglés)	Un PRTR es una base de datos o inventario público de sustancias químicas o contaminantes liberados al aire, al agua y al suelo, y transferidos fuera de las instalaciones para su tratamiento. Estos registros recopilan información sobre qué sustancias químicas se liberan, dónde, en qué cantidad y quién las libera. Todos los países de la OCDE han establecido bases de datos nacionales activas de PRTR (para más detalles, consulte: https://prtr.unece.org/prtr-global-map). Los PRTR pueden ser útiles para identificar oferentes potencialmente de alto riesgo o patrones en diferentes industrias y categorías de productos.
Datos de proveedores	Los datos de proveedores constituyen una amplia categoría de información que puede provenir de los sistemas de nómina de los empleados, declaraciones y autoevaluaciones obligatorias o voluntarias, informes de cumplimiento sobre sustentabilidad y debida diligencia en la cadena de suministro, así como de informes públicos y financieros. Si está disponible, esta información puede utilizarse para evaluar y supervisar los riesgos de los proveedores (por ejemplo, riesgos financieros y de la cadena de suministro), así como para verificar la información y las declaraciones proporcionadas por estos.

Fuente: (OECD, 2023[4])

A pesar del reconocimiento de los crecientes riesgos que entrañan las actividades de contratación pública en todo el mundo, la elaboración de estrategias de gestión de riesgos en la contratación pública sigue siendo una tendencia emergente entre los países de la OCDE. Las experiencias de los sistemas de contratación electrónica de Chile y México invitan a contar con una estrategia robusta de gestión de riesgos. En el primer caso, el sistema de contratación electrónica fue objeto de ciberataques, mientras que en México, el sistema CompraNet colapsó durante su transición de un proveedor externo a una gestión interna.

Una estrategia de gestión de riesgos específica contribuye a impulsar la aplicación de un enfoque de gestión de riesgos racionalizado y coherente y a fortalecer la resiliencia y la eficiencia del sistema de contratación pública. También ayuda a fomentar una cultura de gestión de riesgos en la contratación pública y a informar el diseño y la implementación de otras políticas clave, como las que abordan la integridad y la lucha contra la corrupción. (OECD, 2025[1])

El desarrollo de una estrategia de gestión de riesgos requiere seguir los siguientes pasos concretos: (OECD, 2023[4])

- Crear un marco de gobernanza: Identificar una entidad responsable de desarrollar y supervisar el sistema de gestión de riesgos, por ejemplo, un comité directivo o un grupo de trabajo.
- Definir el contexto y objetivo de la estrategia de gestión de riesgos: El contexto incluye el marco jurídico, normativo y de política pública, el contexto institucional y las estrategias de gestión de riesgos existentes. La estrategia también debe identificar objetivos claros que estén vinculados al contexto, así como al entorno político, económico y de mercado más amplio.
- Definir el alcance de la estrategia de gestión de riesgos: El alcance debe incluir todas las actividades que, en última instancia, afectarán a los resultados de la contratación de un producto o servicio, y no solo al proceso de contratación en sí.
- Establecer un calendario para la aplicación de la estrategia: En función de los objetivos, el alcance y los recursos disponibles, la estrategia debe incluir un calendario detallado de implementación.
- Identificar posibles impactos: La implementación de una estrategia de gestión de riesgos puede tener repercusiones en las entidades públicas de todo el sistema de contratación. Si bien los beneficios de adoptar un enfoque de gestión de riesgos superan sus posibles costos, es necesario prever todos estos impactos.
- Identificar medidas de implementación: Estas medidas pueden incluir actividades de desarrollo de capacidades, intercambio de prácticas y la elaboración de manuales y herramientas.
- Seguimiento: Es necesario para identificar las mejores prácticas o las soluciones fallidas y, eventualmente, adaptar y actualizar la estrategia.

La Encuesta de la OCDE sobre Contratación Pública 2024 reveló que el 30% de los países encuestados (12 de 40) han desarrollado una estrategia adaptada a los riesgos de la contratación pública. Once de los 40 encuestados (28%) han integrado la contratación pública en estrategias más amplias de gestión de riesgos (véase la Gráfica 5.3).

Gráfica 5.3. Estrategia para gestionar los riesgos la contratación pública, 2024

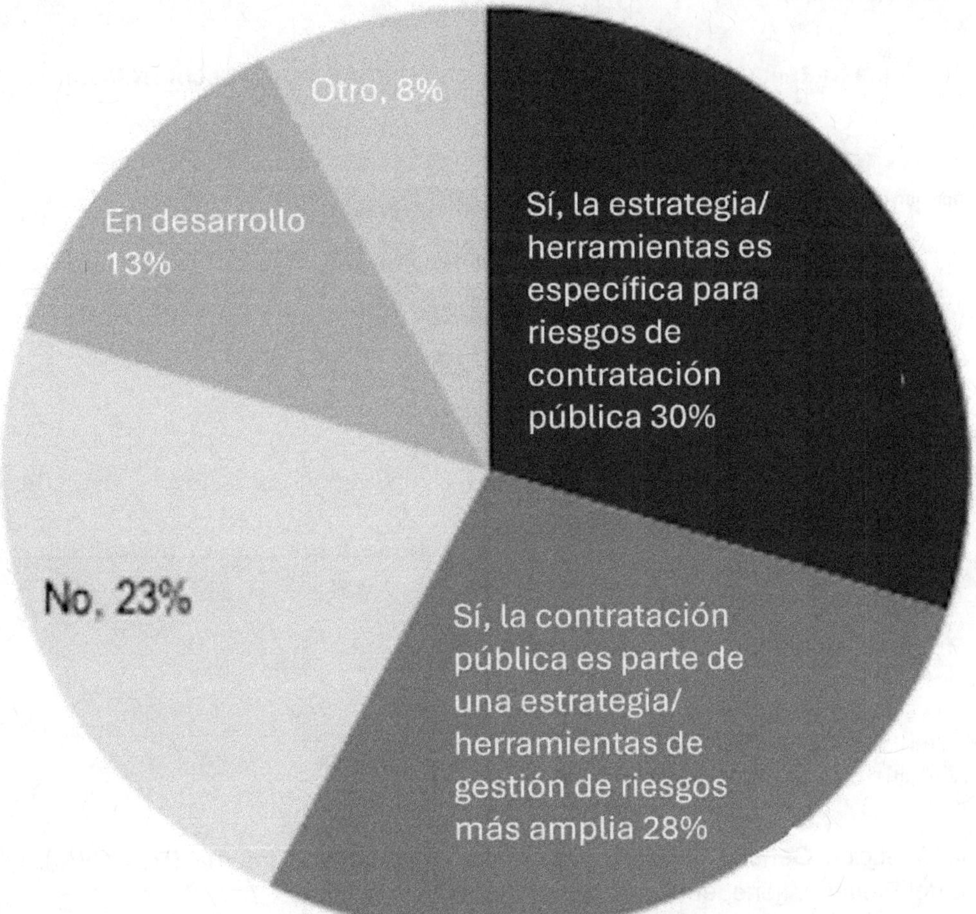

Nota: Se muestran los datos de 40 encuestados.
Fuente: (OECD, 2025[1])

Para desarrollar planes de gestión de riesgos eficaces y prevenir los riesgos con éxito, es necesario que el personal encargado de la contratación pública y otras partes interesadas se familiaricen con dichos planes, los comprendan y los apliquen. Sin embargo, menos de dos tercios de los países encuestados indicaron que utilizaban herramientas como guías específicas (65%), capacitación (61%) y mesas de ayuda (26%) para comunicar las estrategias de gestión de riesgos. (OECD, 2025[1])

Del mismo modo, las estrategias de gestión de riesgos deben estar respaldadas por herramientas prácticas adaptadas a cada caso. De los 40 encuestados, 29 han desarrollado al menos un tipo de herramienta para gestionar los riesgos de contratación pública (73%). Las herramientas más utilizadas son las listas de verificación para la evaluación de riesgos (40%) y los sistemas de alertas (35%). Entre las herramientas menos utilizadas se encuentran registros de riesgos (30%), mapas de riesgos y paneles de control (20% cada uno) (véase la Gráfica 5.4). Los registros de riesgos, por ejemplo, cumplen varias funciones, entre ellas desarrollar y mantener una comprensión común de los riesgos entre las partes interesadas, garantizar el seguimiento y la evaluación de los riesgos, registrar las decisiones sobre cómo se tratarán los riesgos, verificar que las responsabilidades por los riesgos se han asignado al propietario del riesgo más adecuado y proporcionar una visión holística de los riesgos que puede evaluarse en función del apetito de riesgo general de la entidad y los umbrales de gestión de riesgos. Mediante el uso de un registro de riesgos, cada riesgo debe asignarse a un único responsable, aclarando así la rendición de cuentas, al tiempo que se identifica a otras personas asociadas al riesgo y/o que contribuyen a las medidas de control. (OECD, 2023[4])

Gráfica 5.4. Herramientas implementadas para gestionar los riesgos de contratación pública, 2024

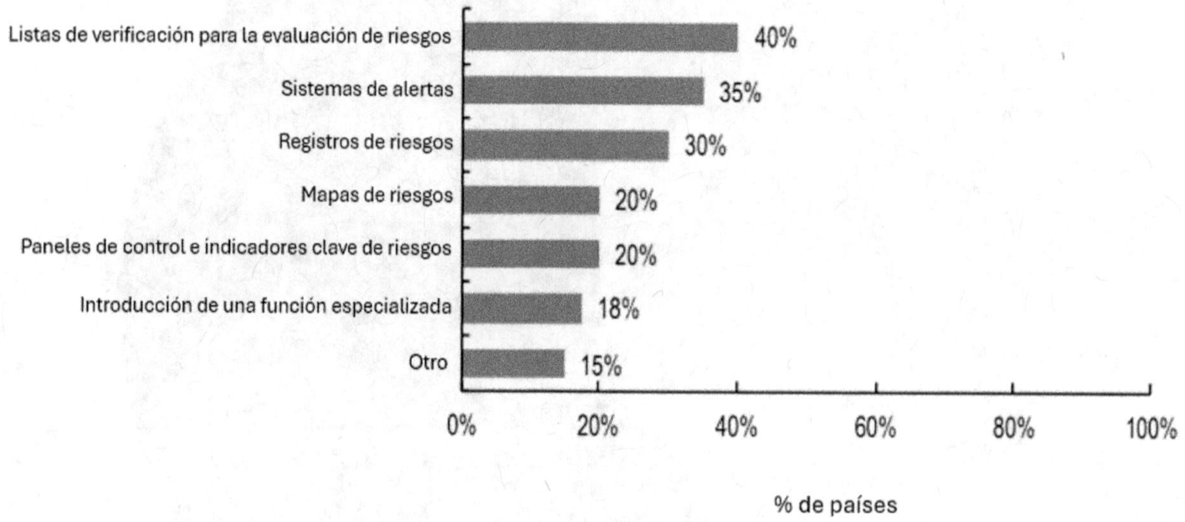

Nota: Se muestran los datos de 40 encuestados.
Fuente: (OECD, 2025[1])

En el CM, la Dirección General de Control de Gestión y Auditoría Interna (DGCGyAI), que depende directamente del Plenario, tiene, entre otras, las siguientes funciones:

- Controlar la ejecución del presupuesto aprobado por la Legislatura de la Ciudad Autónoma de Buenos Aires y analizar sus desviaciones.
- Realizar exámenes y evaluaciones administrativas, contables, financieras y de gestión, así como mediciones de impacto.

La DGCGyAI presenta al Plenario, para su aprobación, el plan anual de auditoría, que siempre incluye auditorías de compras y contrataciones. La auditoría se realiza sobre una muestra del 20-25% de los procedimientos, en proporción a las diferentes modalidades de contratación, buscando diversidad en los montos y objetos de los contratos.

La digitalización permitió mejorar el proceso de control, ya que es posible auditar más procesos que antes. Para realizar las auditorías se utiliza el sistema SISTAE, que contiene todos los archivos digitalizados. JUC incorpora algunos criterios de auditoría, ya que impide que se realicen determinadas tareas si no se cumplen primero los requisitos previos. Desde la implementación de JUC, prácticamente no se han registrado observaciones sustantivas.

La Dirección de Auditoría, que depende de la DGCGyAI, coordina el seguimiento de las recomendaciones formuladas en los informes de auditoría, evaluando los riesgos. Más allá de estas evaluaciones de riesgo realizadas por la DGCGyAI para el seguimiento de las recomendaciones de sus informes de auditoría, no se realiza una evaluación sistémica de los riesgos de contratación pública.

La SAGyP podría aprovechar la experiencia y la capacidad de la DGCGyAI para desarrollar un marco de evaluación de riesgos que le permita mantener un registro o mapa de riesgos de contratación pública, incluidos los riesgos que pueden afectar a las operaciones de JUC, y desarrollar las medidas necesarias para mitigar esos riesgos.

5.3. Datos: un elemento clave para la evaluación del desempeño del sistema de contratación electrónica

La contratación pública representa una parte considerable del PIB en los países de la OCDE, lo que requiere no solo una gestión robusta, sino también una ejecución eficiente. La creciente presión sobre el gasto público, junto con la demanda de una mayor rendición de cuentas, el seguimiento del logro de objetivos estratégicos de política pública y la mejora de la gestión de riesgos, ponen de relieve la urgencia de mejorar la medición y la evaluación. En la contratación pública, la evaluación ayuda a los gobiernos a determinar si sus sistemas están logrando los objetivos previstos, al tiempo que les apoya en el desarrollo, la implementación y la revisión continuos de sus políticas, procesos y herramientas. Proporciona una base objetiva para comprender qué funciona, por qué, para quién y en qué circunstancias, lo que contribuye a informar el diseño de políticas o procesos más eficaces. Por el contrario, la falta de marcos e indicadores de medición del desempeño puede obstaculizar el análisis de la eficacia de los sistemas de contratación pública a lo largo del tiempo. A este respecto, la disponibilidad de datos de calidad a los que se pueda acceder fácilmente es un requisito previo para aplicar marcos de medición del desempeño robustos e integrales.

Recuadro 5.4. Marco de la OCDE para la medición del desempeño de la contratación pública

Los marcos para la medición del desempeño de la contratación pública son esenciales para: i) evaluar los avances y logros de forma periódica y coherente; y ii) identificar cualquier brecha en los avances con respecto a objetivos y metas. Estos marcos permiten a los gobiernos, autoridades contratantes y a otras partes interesadas utilizar los datos para tomar medidas y/o adaptar estrategias específicas. Con el fin de evaluar de manera coherente los procesos de contratación pública y apoyar la elaboración de políticas y la toma de decisiones basadas en datos en materia de contratación pública, la OCDE ha elaborado un marco de medición del desempeño de los sistemas de contratación pública que es flexible, personalizable y escalable. El marco de medición:

- Evalúa el desempeño de la contratación pública en tres niveles: proceso individual, autoridad contratante y nacional, en función de la existencia de datos y la posibilidad de agregarlos.
- Identifica tres categorías de indicadores: cumplimiento, eficiencia y consecución de objetivos estratégicos.
- Abarca todo el ciclo de contratación pública (desde la planificación hasta la gestión de contratos).
- Puede ser utilizado por diferentes partes interesadas (poderes adjudicadores, autoridades de contratación, centrales de compras, etc.).

El marco incluye 259 indicadores y 45 subindicadores relacionados con el cumplimiento, la eficiencia y la consecución de objetivos estratégicos (por ejemplo, mitigación del cambio climático, innovación, creación de empleo, aspectos sociales y desarrollo de las PYME, entre otros).

Fuente: (OECD, 2023[5])

Los indicadores pueden medir el desempeño de los sistemas de contratación pública en una amplia gama de ámbitos, pero los participantes en la Encuesta de la OCDE sobre Contratación Pública 2024 se centran en gran medida en la eficiencia y los objetivos estratégicos de política pública. Los indicadores clave de desempeño (KPI, por sus siglas en inglés) comunes se refieren a la eficiencia (68% o 27 de los 40 países encuestados), con el fin de evaluar si los procesos de contratación pública permiten obtener los mejores resultados y la mayor eficacia, así como el mejor valor por el dinero. Pueden incluir, por ejemplo, ahorros (en valor monetario y tiempo), nivel de participación del mercado en procedimientos específicos y duración de los procesos de contratación pública (incluida la fase de evaluación de ofertas). La mayoría de los encuestados también utilizan KPI estratégicos (75% o 30 de 40) para evaluar cómo los procesos de contratación pública contribuyen a la consecución de los objetivos estratégicos de política pública. Entre los ejemplos de estos KPI se pueden incluir la proporción de bienes y servicios sustentables, la proporción de contratos adjudicados a PYME (en número y volumen) o la proporción de contratos que incluyen características innovadoras. Además, y en consonancia con los hallazgos expuestos en la sección anterior, en los sistemas más avanzados, los KPI pueden reflejar los impactos de la contratación estratégica, como la reducción de las emisiones de carbono o del consumo de energía.

Son menos los encuestados que utilizan KPI relacionados con el cumplimiento (35% o 14 de 40) para evaluar si los procesos y resultados de la contratación pública se ajustan a la legislación nacional o a cualquier otra legislación aplicable, incluidas las leyes sobre integridad y competencia (por ejemplo, el uso de procedimientos adecuados, los requisitos de transparencia, las infracciones de integridad, etc.) (Gráfica 5.5).

Gráfica 5.5. Categorías de indicadores clave de desempeño utilizados para el sistema de contratación pública, 2024

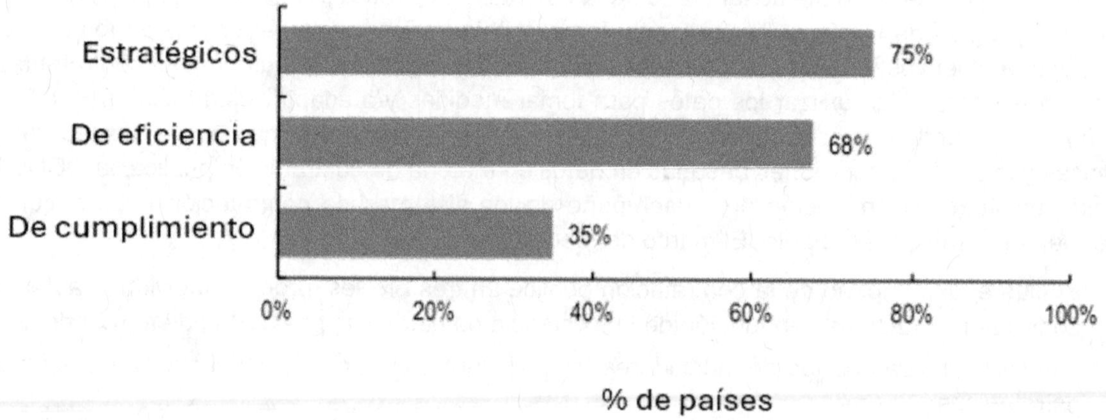

Nota: Se muestran los datos de 40 encuestados.
Fuente: (OECD, 2025[1])

Hay algunos elementos críticos que deben tenerse en cuenta al desarrollar y establecer marcos de medición: (OECD, 2023[5])

- Gobernanza: La gobernanza de un marco de medición implica i) establecer metas y objetivos de política coherentes; ii) asignar la responsabilidad del desarrollo y aplicación del marco de medición de las contrataciones (liderazgo); iii) fortalecer las capacidades del personal encargado de las contrataciones; iv) comunicar los resultados del marco de medición; v) definir un plan de implementación claro; y vi) garantizar la disponibilidad de datos de calidad utilizables.
- Usuarios: El marco debe considerar a diversos actores institucionales como usuarios potenciales, cada uno con perspectivas diferentes y posibles puntos de interés distintos a la hora de medir el

desempeño. Algunos ejemplos pueden ser: las autoridades de contratación pública de las ciudades, los órganos de control y las unidades centrales de compra.

- Categorías de indicadores: Eficiencia, cumplimiento y consecución de objetivos estratégicos de política pública.
- Ciclo de contratación pública: Los indicadores de desempeño deben estar relacionados con las diferentes etapas del ciclo de contratación pública, desde la preparación de la licitación hasta la finalización del contrato. De hecho, cada fase y actividad del ciclo de contratación pública está relacionada con un objetivo por alcanzar. Por lo tanto, cada actividad puede asociarse a indicadores específicos. Además, las diferentes actividades de contratación pública son responsabilidad de diferentes funcionarios y/o equipos. Por otra parte, el establecimiento de un marco de medición que abarque todo el ciclo de contratación pública puede proporcionar una base sólida a la hora de realizar evaluaciones de gestión de riesgos. La Gráfica 5.6 ofrece un ejemplo de algunos indicadores de desempeño a lo largo del ciclo de contratación que podrían utilizarse para evaluar a JUC.
- Niveles de medición: Licitación individual, autoridad contratante y nacional (o, en el caso de la CABA, nivel de toda la ciudad).

Gráfica 5.6. Ejemplos de indicadores de desempeño a lo largo del ciclo de contratación pública para evaluar a JUC

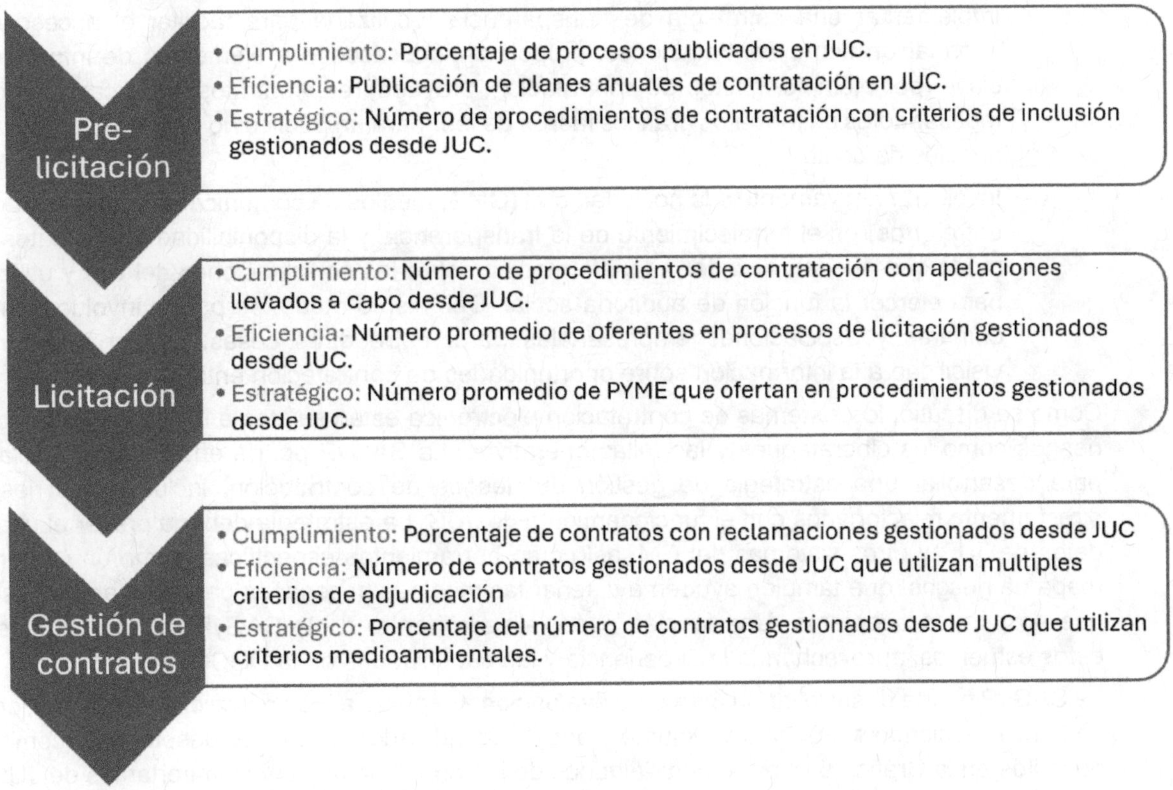

Fuente: (OECD, 2023[5])

Hasta la fecha, el CM no ha desarrollado una metodología para evaluar el desempeño de su sistema de contratación pública, incluida la plataforma de contratación electrónica JUC. Para avanzar en el proceso de creación de un marco de indicadores para la medición del desempeño, es necesario consolidar el proceso de transformación digital mencionado en el Capítulo 2. En este sentido, el CM debería promover procesos estandarizados, bases de datos integradas y sistemas interoperables para la función de contratación pública, a fin de facilitar el desarrollo de un conjunto de indicadores fiables para la evaluación del desempeño.

5.4. Propuestas de acción

- En colaboración con las unidades necesarias, la SAGyP podría impulsar el potencial de JUC para contribuir a la transparencia de las operaciones de contratación pública mediante:
  - La instalación de la funcionalidad, disponible en BAC, para consultar toda la base de datos de procesos de contratación según diversos criterios. Esto permitirá avanzar rápidamente en el acceso público a los datos que ya están disponibles en JUC. Este es un objetivo central del principio de transparencia.
  - Avanzar hacia la adopción de estándares de datos abiertos como el Estándar de Datos para las Contrataciones Abiertas (EDCA, desarrollado por la Alianza para las Contrataciones Abiertas). El acceso y la orientación al usuario permitirían ir mucho más allá de la generación periódica de conjuntos de datos en formato abierto para su publicación en el sitio de datos abiertos de la GCABA. Idealmente, los datos actualizados serían accesibles en formato abierto directamente desde el sitio web de JUC para mejorar su utilidad para diferentes partes interesadas.
  - Implementar una estrategia de transparencia focalizada para facilitar el acceso a la información sobre contrataciones, proporcionando acceso a elementos de información clave (por ejemplo, gastos de contratación, proveedores, contratos adjudicados, etc.) y mostrándolos en formatos gráficos fáciles de leer para un público no experto (por ejemplo, paneles de control).
  - Involucrar activamente a la sociedad civil (ONG, medios de comunicación, universidades, entre otros) en el fortalecimiento de la transparencia y la disponibilidad de los datos, de modo que puedan acceder a la información sobre las contrataciones del CM y utilizarla para ejercer la función de auditoría social. Del mismo modo, se podría involucrar a las cámaras y asociaciones empresariales para, entre otras cosas, ayudar a dar más visibilidad a la información sobre oportunidades de contratación entre sus miembros.
- Como se discutió, los sistemas de contratación electrónica están sujetos a una gran variedad de riesgos como los ciberataques y las fallas operativas. La SAGyP podría encabezar la iniciativa para desarrollar una estrategia de gestión de riesgos de contratación, incluidos los riesgos directamente relacionados con el funcionamiento de JUC. La estrategia debería prever el uso de datos de JUC y otros sistemas del CM, así como herramientas específicas, como un registro o mapa de riesgos, que también ayuden a diseñar las medidas necesarias para mitigar los riesgos que no pueden aceptarse. Una función especializada dentro de la SAGyP debería encabezar estos esfuerzos, aprovechando la experiencia y las capacidades de la DGCGyAI.
- La SAGyP podría desarrollar un marco de evaluación adaptado a las operaciones de JUC. Podría comenzar poniendo a prueba un conjunto reducido de indicadores clave de desempeño (como los descritos en la Gráfica 5.6) para medir algunas de las contribuciones más importantes de JUC al cumplimiento, la eficiencia y la consecución de los objetivos estratégicos a lo largo del ciclo de contratación pública, por ejemplo, el número promedio de oferentes en los procesos gestionados desde JUC frente a otros procesos; la proporción de procedimientos publicados y adjudicados con éxito desde JUC y la proporción de contratos adjudicados a PYME desde JUC en comparación con los adjudicados fuera de JUC.

Será importante que todas estas recomendaciones se aborden con la participación de la Oficina de Estadísticas del CM y que se aprovechen y fortalezcan sus capacidades de análisis de datos. Dichas capacidades serán necesarias para aprovechar al máximo el creciente volumen de datos que estarán disponibles después de abordar las recomendaciones mencionadas.

Referencias

OECD (2025), *Implementing the OECD Recommendation on Public Procurement in OECD and Partner Countries: 2020-2024 Report*, OECD Public Governance Reviews, OECD Publishing, Paris, https://doi.org/10.1787/02a46a58-en. [1]

OECD (2023), "Managing risks in the public procurement of goods, services and infrastructure", *OECD Public Governance Policy Papers*, No. 33, OECD Publishing, Paris, https://doi.org/10.1787/45667d2f-en. [4]

OECD (2023), "Public procurement performance: A framework for measuring efficiency, compliance and strategic goals", *OECD Public Governance Policy Papers*, No. 36, OECD Publishing, Paris, https://doi.org/10.1787/0dde73f4-en. [5]

OECD (2015), *Recomendación del Consejo sobre Contratación Pública*,, https://legalinstruments.oecd.org/en/instruments/OECD-LEGAL-0411. [3]

Red Interamericana de Compras Gubernamentales, Inn-Site: Un espacio de intercambio para la innovación en compra pública (n.d.), *Sistema transaccional de compras públicas "Tianguis Digital"*, https://inn-site.ricg.org/index.php/articulos-buenas-practicas/sistema-transaccional-de-compras-publicas-tianguis-digital. [2]

Anexo A. Plan de acción para la implementación de las recomendaciones

En esta sección se presenta una hoja de ruta o plan de acción para facilitar la implementación de las recomendaciones analizadas en los capítulos anteriores. Incluye una descripción de la recomendación, el plazo de aplicación (es decir, a corto, mediano o largo plazo), la unidad responsable y las que pueden apoyar el proceso de implementación. En total, solo dos recomendaciones se aplicarán a largo plazo (más de tres años), 11 a mediano plazo (entre uno y tres años) y siete a corto plazo (en el plazo de un año). El plan de acción se debatió y acordó con las principales partes interesadas del CM.

Cuadro A A.1. Plan de acción para la implementación de las recomendaciones

ID	Área	Categoría	Recomendación	Calendario	Unidad responsable	Con el apoyo de:	Capítulo
1	Transformación digital	Estrategia	El CM debe desarrollar una estrategia de transformación digital con una visión clara, alineada con su misión, que incluya a la función de contratación pública.	Corto	Plenario del CM	SAGyP	2
2		Estrategia / Institucionalización	Institucionalizar la estrategia y el plan de acción de transformación digital mediante resoluciones, liderazgo y articulación continua entre las diferentes áreas.	Mediano	Plenario del CM	SAGyP	2
3		Estrategia	Seguir explorando el potencial de las tecnologías emergentes para ampliar y fortalecer la transformación digital de la contratación pública, por ejemplo, estableciendo alianzas con instituciones expertas y gestionando proyectos piloto según sea apropiado	Mediano	DGIT	DGCC	2
4		Institucionalización	El CM podría crear un grupo de trabajo o un comité intersecretarial como mecanismo formal de coordinación para garantizar la coherencia de los esfuerzos de transformación digital en todo el Consejo.	Corto	Plenario del CM	SAGyP, DGIT, DGCGyAI, Dirección General de Datos Abiertos y Secretaría de Innovación	3
5		Participación de las partes interesadas	Establecer mecanismos para involucrar a un amplio conjunto de partes interesadas (por ejemplo, asociaciones empresariales y organizaciones de la sociedad civil) en la mejora continua de JUC.	Corto	SAGyP		3

6		Funcionalidades de JUC	Ampliar gradualmente las funcionalidades transaccionales de JUC a las etapas previas y posteriores a la licitación para convertirlo en una solución integral de punta a punta	Mediano	DGIT	DGCC	4
7	Desarrollo e integración de sistemas	Integración de sistemas	Completar el proceso de integración de JUC con los sistemas SISTAE y Pilagá, así como con otros sistemas de gestión del CM.	Mediano	DGIT	DGCC	4
8		Integración de sistemas	Concluir la integración del RIUPP con JUC, lo que eliminaría el riesgo de inconsistencias en los datos entre los diferentes sistemas.	Corto	DGIT	DGCC, GCABA	4
9		Funcionalidades de JUC	Instalar la funcionalidad, disponible en BAC, para consultar toda la base de datos de procesos de contratación pública según diversos criterios.	Corto	DGIT	DGCC, GCABA	5
10		Transparencia	Avanzar hacia la adopción de estándares de datos abiertos, como el EDCA, en JUC	Mediano	DGIT	DGCC, Dirección General de Datos Abiertos, GCABA	5
11	Información y transparencia	Transparencia	Hacer que el acceso a la información sobre contrataciones en JUC sea más amigable, facilitando el acceso a elementos de información clave y mostrándolos en formatos gráficos fáciles de leer para un público no experto (por ejemplo, paneles de control).	Corto	DGIT	DGCC	5
12		Acceso	Hacer el acceso a las convocatorias libre y tan abierto como sea posible vía JUC, por ejemplo, eliminando el costo para tener acceso a las convocatorias.	Largo	SAGyP		3
13		Participación de las partes interesadas / Transparencia	Involucrar activamente a la sociedad civil en el fortalecimiento de la transparencia y la disponibilidad de los datos, y a las cámaras y organizaciones empresariales en darle visibilidad a la información sobre oportunidades de contratación entre sus miembros.	Corto	SAGyP	Dirección General de Datos Abiertos	5
14	Profesionalización	Personal de contrataciones	Desarrollar una matriz de competencias para el personal dedicado a las contrataciones que defina las competencias digitales necesarias y sirva de base para un análisis de brechas.	Mediano	SAGyP	Unidad de Recursos Humanos	3

15		Personal de contrataciones	Diseñar un plan de capacitación para desarrollar las competencias digitales que necesitan reforzarse en el personal dedicado a las contrataciones.	Mediano	SAGyP	Unidad de Recursos Humanos	3
16		Personal de contrataciones	Desarrollar un marco de certificación para el personal de contrataciones basado en buenas prácticas como ProcurCompEU y ChileCompra	Largo	SAGyP	Unidad de Recursos Humanos	3
17		Personal de contrataciones	Desarrollar un sistema de incentivos para el personal de contratación electrónica con el fin de hacer atractivos los puestos y retener el talento.	Mediano	SAGyP	Unidad de Recursos Humanos	3
18	Gestión de datos	Gestión de riesgos	Desarrollar una estrategia de gestión de riesgos de contratación pública, incluyendo los riesgos directamente relacionados con el funcionamiento de JUC.	Mediano	SAGyP	DGCGyAI	5
19		Objetivos estratégicos	Aprovechar a JUC para gestionar la implementación del principio de sustentabilidad	Mediano	SAGyP	DGIT	4
20		Evaluación	Desarrollar un marco de evaluación adaptado a las operaciones de JUC. Se podría empezar por pilotear un conjunto reducido de indicadores clave de desempeño (KPI) para medir algunas de las contribuciones más importantes de JUC al cumplimiento, la eficiencia y la consecución de objetivos estratégicos.	Mediano	SAGyP	DGCGyAI	5

Fuente: Elaborado por la OCDE.

www.ingramcontent.com/pod-product-compliance
Lightning Source LLC
LaVergne TN
LVHW060454061126
851857LV00016B/1826